Questions sur les sociétés et la lettre de change:

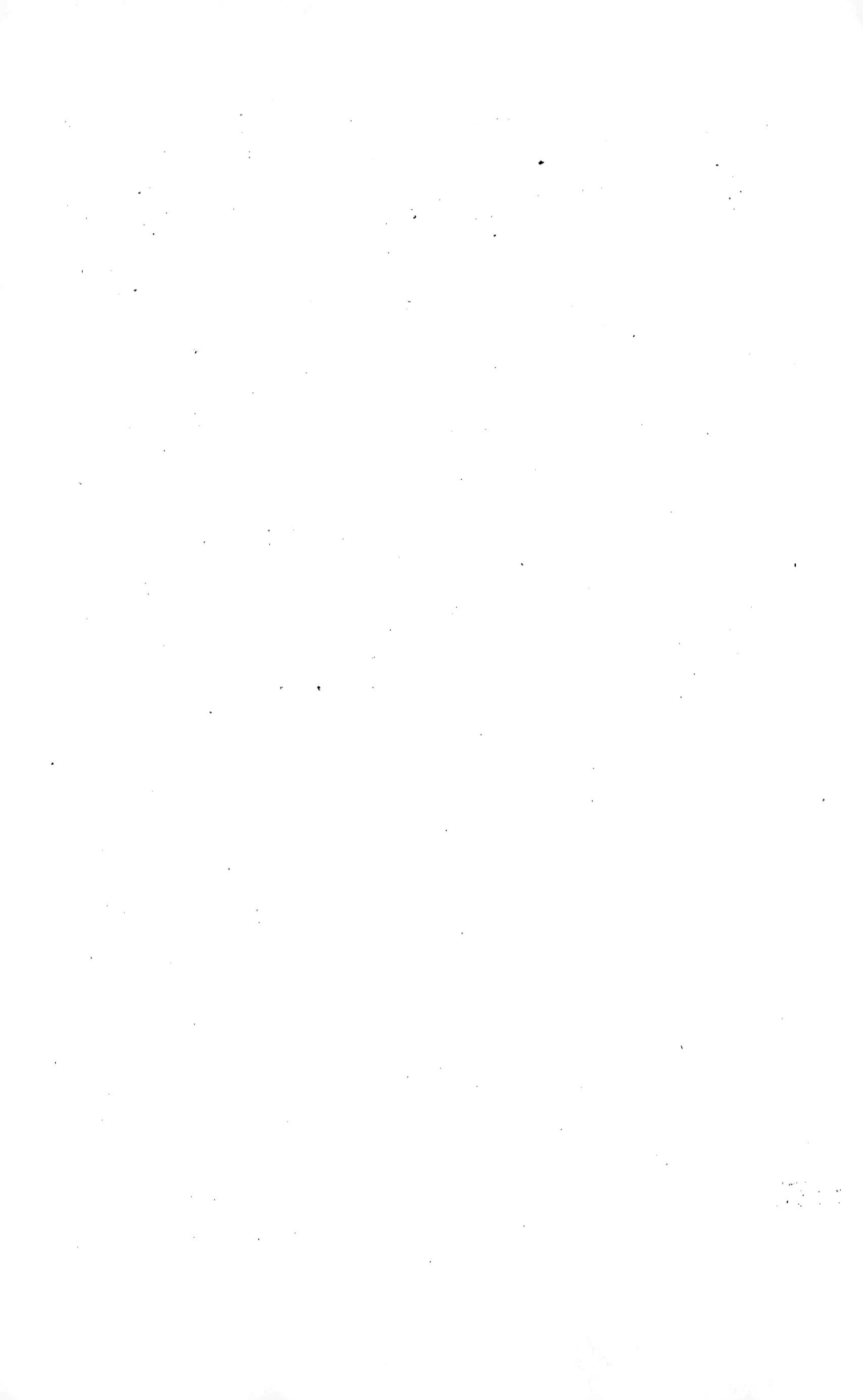

CODE DE COMMERCE, LIV. Iᵉʳ.

QUESTIONS

SUR

LES SOCIÉTÉS ET LA LETTRE DE CHANGE

SUIVIES DE SOLUTIONS.

POITIERS. — IMPR. DE HENRI OUDIN.

CODE DE COMMERCE, LIV. Iᵉʳ.

QUESTIONS

SUR

LES SOCIÉTÉS ET LA LETTRE DE CHANGE

SUIVIES DES SOLUTIONS

Par V. BÉCANE, Avocat

PROFESSEUR DE CODE DE COMMERCE A LA FACULTÉ DE DROIT DE POITIERS.

PARIS

Chez JOUBERT, Libraire de la Cour de Cassation

Rue des Grès-Sorbonne, 14

1846

PRÉFACE.

LE COMMERCE FRANÇAIS a été régi par les ordonnances de 1673 et 1681 jusqu'à la promulgation du Code commercial de 1808. L'importance des textes antérieurs aurait beaucoup diminué par cette promulgation, si le législateur les avait remplacés par des dispositions nouvelles : mais il en a été tout autrement. Les discussions qui ont précédé le Code et la simple juxtaposition des articles démontrent que presque sur toutes les matières on s'est borné à reproduire textuellement les célèbres ordonnances de Louis XIV ; d'où résulte le grand avantage de pouvoir utiliser pour l'intelligence du Code actuel, la jurisprudence et les écrits des jurisconsultes qui avaient interprété et commenté notre ancien droit commercial.

LE CODE DE COMMERCE est divisé en quatre parties : le livre premier est intitulé du COMMERCE EN GÉNÉRAL ; — le deuxième DU COMMERCE MARITIME ; — le troisième DES FAILLITES ; — le quatrième DE LA JURIDICTION COMMERCIALE.

LE LIVRE PREMIER, seul objet de ces courtes observations, est intitulé du *Commerce en général.* Cette rubrique adoptée, faute de mieux, est vague, il faut en convenir : l'on a besoin de voir le sujet des titres pour se faire une idée des matières qui composent cette première partie ; elle renferme huit titres : le premier *des commerçants ;* — le deuxième *des livres de commerce ;* — le troisième *des sociétés ;* — le quatrième *des séparations de biens ;* — le cinquième *des bourses et agents intermédiaires ;* — le sixième *des commissionnaires ;* — le sep-

*

tième *des achats et ventes ;* — le huitième *de la lettre de change et billet à ordre.*

LES TITRES 1 et 2 consacrés aux commerçants et aux livres de commerce, ont été empruntés aux titres 1 et 3 de l'ord. de 1673, excepté la définition du mot *commerçant* que le législateur ancien n'avait pas donnée, peut-être avec raison, car le sens des termes de la loi nouvelle est si général, qu'il est devenu une source de procès, justifiant ainsi la vieille maxime *omnis definitio in jure periculosa est.* Le législateur moderne en ne mentionnant plus dans les quatre conditions imposées au mineur qui veut être commerçant, l'obligation de rapporter un certificat d'apprentissage, en affranchit à plus forte raison les majeurs et consacre de nouveau le grand principe du décret de l'Assemblée Constituante du 17 mars 1791, qui autorise toute personne à se livrer au commerce, art ou profession qui lui conviendra; faisant ainsi table rase de toutes les corporations marchandes, maîtrises, jurandes, etc., implantées en France depuis la conquête des Gaules par les Romains, qui les tenaient eux-mêmes des Institutions de Numa Pompilius.

LES TITRES 5 et 6 s'occupent des agents intermédiaires et des commissionnaires : l'importance et la variété des affaires qui sont traitées par l'intermédiaire des agents de change et courtiers, aurait exigé de longs développements concernant l'organisation et les fonctions de ces utiles auxiliaires du commerce ; mais les rédacteurs du Code s'en sont rapportés aux lois et règlements préexistants, et si l'on excepte le grand principe consacré par l'art. 85, qui défend aux agents intermédiaires de faire , dans aucun cas et sous aucun prétexte , pour leur compte personnel, aucune opération de commerce, on ne trouve dans le titre qu'une nomenclature d'attributions et des détails dont la simple lecture donne une parfaite intelligence. L'intitulé du titre 6 pourrait faire croire que le législateur a réglé le contrat de commission, mais la lecture de l'art. 92, par lequel il renvoie expressément d'une manière pure et simple aux dispositions du Code civil, livre 3 , titre 13 du mandat, fait bientôt voir que les rédacteurs du Code ont voulu s'affranchir de cette tâche, justifiant cette lacune par l'analogie qui existe entre le mandat et la commission; il y a pourtant des différences notables qu'il aurait été utile de signaler; mais l'intelligence des principes généraux du mandat est nécessaire pour les bien comprendre. Les règles concernant le transport des marchandises et la responsabilité des voituriers et commissionnaires de transport ne sont qu'une répétition des principes du Code civil; à l'exception du privilége remarquable consacré par l'art. 93, qui modifie profondément dans l'intérêt des commissionnaires les principes du droit commun en matière de nantissement.

Le législateur a traité avec une brièveté fâcheuse, il faut en convenir, la plupart des titres qui composent le livre premier. L'empressement de donner à la France un Code de commerce, fit imiter la concision de l'ordonnance sur ces matières, et l'on n'a pas tardé à s'en repentir. Mais il est juste de reconnaître qu'il n'en a pas été du titre des sociétés et du contrat de change comme des autres; les rédacteurs du Code, pénétrés de toute l'importance du sujet, ont apporté le plus grand soin à préciser un ensemble de règles qui forme sans aucune comparaison la partie capitale du livre premier et une des plus belles pages de notre législation commerciale. Les sociétés et la lettre de change tenaient aussi une grande place dans l'ord. de 1673; c'était l'habileté déployée par son rédacteur Savary dans cette matière difficile, qui avait donné à cette ancienne loi le rang éminent qu'elle tient encore parmi les institutions des peuples marchands; les auteurs du Code de commerce en adoptant et améliorant quelquefois cette belle partie de notre ancien droit commercial, ont rendu à la France et au commerce un éclatant service.

DU CONTRAT DE SOCIÉTÉ.

Les limites si étroites de la puissance individuelle ont fait sentir nécessairement depuis l'origine du monde l'avantage du contrat de société ; l'instinct naturel suffit presque pour en découvrir l'utilité et les principes ; il est même vraisemblable que l'idée d'une organisation sociale plus compliquée et d'une association générale, ne s'est développée que par suite des heureux résultats qu'amenèrent les sociétés particulières plus ou moins nombreuses.

Le droit civil s'est depuis longtemps approprié le contrat de société, et a donné sa sanction aux règles simples et primitives que l'équité avait suggérées ; ces règles ont suffi jusqu'à l'époque où l'essor commercial, ouvrant de toutes parts des voies nouvelles et des combinaisons jusqu'alors inconnues, les maximes séculaires ont été insuffisantes pour gouverner des intérêts qui venaient de naître ; et le droit commercial forcé de faire divorce avec le droit civil sur cette matière importante, a consacré pour les sociétés commerciales des règles qui s'éloignent diamétralement sur des points fondamentaux des préceptes du droit civil. La grandeur des capitaux, le besoin de rigoureuses garanties, le nombre des associés ont fait introduire dans les associations commerciales, une foule de règles dont la simplicité primitive du contrat n'avait point fait sentir la nécessité. Néanmoins, comme il est des principes que rien ne peut abroger ou modifier, et qui, vieux comme le monde, sont destinés à vivre autant que lui, le droit commercial a toujours fondé les bases générales du contrat de société sur les maximes d'équité naturelle, sanctionnées depuis des siècles par l'assentiment des Jurisconsultes romains, et reproduites dans le livre 3, titre 9 du Code civil.

Il est plus curieux qu'utile de rechercher quelles ont été les règles

du contrat de société chez les différents peuples de la terre. Les
notions d'équité naturelle qui sont la base de ce contrat, ont probablement établi, à cet égard, beaucoup plus d'uniformité, qu'on ne
peut en obtenir sur des matières de justice positive. Mais le titre du
Code civil concernant les sociétés n'étant guère qu'une traduction
littérale des lois romaines, et le Code de comm., art. 23, renvoyant
textuellement au Code civil, il est impossible de passer sous silence
le titre du Digeste *Pro socio*, dans lequel on trouve puisées la plus
grande partie des maximes qui nous gouvernent : on les applique
journellement devant les tribunaux de commerce, et quoiqu'il puisse
arriver quelquefois que le justiciable, peut-être même le juge, ignore
la source d'où découle la sagesse dont il est l'organe, ce n'est pas
une raison pour méconnaître les textes dont émane la loi elle-même ;
il y a sans doute du mérite à traduire et à copier les Jurisconsultes
romains, comme l'ont fait les rédacteurs du Code civil pour le titre
des sociétés ; mais enfin la véritable gloire sera toujours pour ceux
qui ont les premiers formulé les principes.

Le titre justement célèbre du Digeste dans lequel on a copié la
plupart des règles consacrées par le titre 9, livre 3 du Code civil,
est celui qui se trouve au livre 17, titre 2, ayant pour rubrique *Pro
socio*. Ce titre renferme 84 fragments découpés dans les ouvrages
des Jurisconsultes romains les plus estimés. On y trouve 36 fragments
d'Ulpien ; — 23 de Paul ; — 10 de Pomponius ; — 6 de Gaius ; — 3 de
Proculus ; — 2 de Papinien ; — 4 de Modestin, Callistrate, Celse et
Labéon. — Ainsi on voit, par le nombre seul des fragments, que
c'est principalement dans la doctrine d'Ulpien, Paul et Pomponius,
qu'ont été puisées les règles que renferment les Pandectes sur ce
contrat important.

Pothier, dans son traité du contrat de société, a suivi pas à pas,
et développé avec son talent et sa lucidité ordinaire, les maximes
établies dans le droit romain, et personne n'ignore que lorsque le

Code civil a été rédigé, l'ouvrage de ce grand Jurisconsulte fut sur cette matière comme sur tant d'autres, la source où l'on puisa, sans aucune exception quelconque, toutes les règles du contrat de société. Les législateurs allèrent même, et on le leur a reproché peut-être avec raison, jusques à copier dans Pothier pour la transcrire dans le Code civil, la division toute romaine des sociétés en *universelles* et *particulières*; tandis qu'il est reconnu depuis fort longtemps, qu'il n'y a pas d'exemple en France de *sociétés universelles*, ce qui rend tout-à-fait inutiles les règles édictées pour les gouverner.

Le système des sociétés civiles roulait dans un cercle trop circonscrit pour satisfaire aux besoins du commerce; aussi depuis des siècles l'usage avait introduit une société appelée *générale* ou en nom *collectif*, qui, par son utilité, ne tarda pas à prendre le premier rang parmi les contrats commerciaux. L'ordonnance de 1673 avait consacré dans le titre 3, les règles fondamentales de cette société, et le législateur moderne les a copiées textuellement dans le Code de commerce.

La solidarité qui forme le caractère essentiel des sociétés en nom collectif, et qui pèse indistinctement sur tous les associés, éloignait beaucoup de personnes d'une pareille association; une combinaison regardée comme fort ingénieuse, tant qu'on n'en abusa pas, donna le moyen de limiter d'avance la perte que certains associés pourraient éprouver. La commandite fut inventée : l'ordonnance établit encore, sur ce point, des règles qui ont passé avec plus de détail dans le Code de commerce.

La société en nom collectif et en commandite ne suffirent point à l'activité commerciale : les formes exigées pour les constater et avertir le public de leur existence, étaient gênantes; surtout pour des spéculations dont l'exécution suit presque immédiatement la pensée, et dont la durée ordinairement éphémère ne comporte ni longueur ni entraves : les foires, les marchés, les bourses, les ports de mer, rendez-vous ordinaire des marchands, où se concluent journellement d'innombrables affaires donnèrent naissance à une société appelée *anonyme* ou *en participation*, fort usitée sous l'ord. de 1673, quoique son habile rédacteur ait jugé à propos de n'en rien dire. Le législateur moderne a voulu combler cette lacune, mais sa tentative n'a pas été heureuse et a donné lieu à tant de difficultés qu'on a trouvé préférable le silence de la loi ancienne.

Enfin il est une quatrième société de commerce qui, par l'avantage de la responsabilité limitée qu'elle offre à tous les associés sans exception, et surtout par l'immensité des capitaux qui s'y agglomèrent, a pris depuis quelque temps la première place dans le monde commercial : c'est la société anonyme, peu usitée sous Louis XIV et omise dans son ordonnance ; elle attira par ses grands développements l'attention spéciale du législateur moderne ; les rédacteurs du Code en ont réglé les principes avec beaucoup de soin et de détail, et c'est là, sans aucun doute, l'amélioration la plus importante qui ait été faite aux dispositions du titre 3 de l'ord. de 1673.

Le législateur n'a pas borné sa sollicitude à établir les principes qui régissent les sociétés ; prévoyant facilement le conflit et les mésintelligences inhérentes à toute association, il a voulu donner aux sociétés de commerce l'avantage d'une juridiction spéciale : déjà en 1560, l'illustre Chancelier de L'Hôpital avait ordonné par un édit célèbre que tous procès entre marchands fussent jugés par des arbitres, mais il ne paraît pas que cette tentative ait réussi, et en 1563, ce grand magistrat jeta les bases de la juridiction commerciale. L'ord. de 1673 maintint spécialement pour les sociétés de commerce, l'obligation pour tous les associés de faire juger leurs différends par des arbitres : le Code de commerce consacre aussi la nécessité de l'*arbitrage forcé ;* on a attaqué cette juridiction avec beaucoup de vivacité, et même proposé aux chambres de la supprimer ; mais on n'a su comment la remplacer. En législation surtout, la critique est aisée, mais l'art est difficile.

DU CONTRAT DE CHANGE.

La lettre de change est une découverte admirable, dont l'usage est devenu tellement simple et vulgaire que ceux qui s'en servent sont assez disposés à croire qu'au besoin ils auraient pu l'inventer : il s'est pourtant écoulé une très longue suite de siècles avant que l'on ait su vaincre les graves obstacles dont la lettre de change triomphe en se jouant ; et tous les peuples de l'antiquité Grecs ou Romains, malgré tout leur génie, n'avaient pu trouver cette combinaison commerciale si heureuse et si féconde, que les législateurs eux-mêmes ont comparée à la découverte de la boussole et du Nouveau-Monde.

Le service immense que la lettre de change rend au commerce, ne peut être apprécié que par la connaissance des inconvénients contre lesquels il fallait lutter avant son invention ; or quoiqu'il faille pour cet examen, remonter par la pensée au berceau des sociétés, il n'est pas difficile de rendre la chose sensible en peu de mots.

Le jurisconsulte romain Paul, a parfaitement expliqué dans une des plus belles lois des Pandectes, liv. 18, tit. I, l. I, l'origine contemporaine du contrat de vente, et de l'invention des monnaies : *origo emendi vendendique a permutationibus cœpit. Olim enim non ita erat nummus : neque aliud merx aliud pretium vocabatur. Sed unusquisque secundum necessitatem temporum ac rerum utilibus inutilia permutabat : quando plerumque evenit, ut quod alteri superest, alteri desit. Sed quia non semper nec facile concurrebat, ut cum tu haberes, quod ego desiderares, invicem haberem quod tu accipere velles ;* ELECTA MATERIA EST, *cujus publica ac perpetua æstimatio difficultatibus permutationum æqualitate quantitatis subveniret. Eaque materia forma publica percussa usum dominiumque non tam ex substantiâ præbet quam ex quantitate. Nec ultra merx utrumque : sed alterum pretium vocabatur.* L'échange , la plus simple de toutes les opérations, fut évidemment le premier moyen auquel eurent recours les hommes réunis en société pour se procurer les objets dont ils avaient besoin : mais ce contrat primitif présentait des inconvénients palpables : il fallait que les copermutants fussent munis d'objets qui convinssent exactement à chacun d'eux en quantité et qualité, ou bien que par une série d'échanges l'un des copermutants se procurât l'objet qui pouvait convenir à celui avec lequel il voulait traiter. Cet ordre de choses qui nous parait si étrange a duré pendant fort longtemps ; car, malgré l'incertitude sur l'époque exacte de l'invention des monnaies, on est assez d'accord, d'après Hérodote, à l'attribuer aux Lydiens, cinq ou six siècles environ avant l'ère chrétienne, et le jurisconsulte Paul se fonde habilement sur des passages d'Homère, qui semblent prouver que du temps de la guerre de Troie, le commerce ne s'effectuait qu'au moyen du contrat d'échange.

L'invention des monnaies métalliques fut certainement pour le commerce un événement comparable à la découverte de la boussole et de l'Amérique. On ne s'explique point, ou du moins je ne m'explique pas si ce n'est par le sentiment de l'utilité, comment les hommes purent s'accorder, pour voir dans des morceaux de métal, l'équivalent de toutes les choses les plus précieuses et les plus nécessaires : mais le fait est certain ; d'un pôle à l'autre, c'est une convention universelle quoique phénoménale, et quelques peuplades barbares qui ne sont pas encore montées à la hauteur de cette conception ne méritent pas qu'on en fasse mention.

L'invention des monnaies donna naissance au contrat de vente, l'échange ne fut plus qu'un contrat secondaire. La nécessité de transporter les objets d'échange, diminua de moitié : l'acheteur n'eut qu'à se munir des monnaies en usage ; mais pour le vendeur le déplacement de la marchandise a toujours été inévitable, il faut que la marchandise aille sur le marché trouver l'acheteur, ou que l'acheteur aille la chercher, l'obstacle est demeuré, et sera toujours invincible à cet égard.

Les monnaies étant reçues comme l'équivalent de toutes les choses vénales, on fit choix pour leur fabrication d'objets précieux par leur valeur intrinsèque, et cette idée était profonde ; car quoique le progrès des lumières ait appris que c'est la convention qui fait tout, et la matière rien, un morceau de papier fonctionnant tout aussi bien et même mieux qu'un morceau d'or ou d'argent, il fallait habituer les esprits à cette grande innovation, et les métaux précieux furent habilement préférés pour la confection des monnaies.

Mais le choix des métaux pour les monnaies, présenta des inconvénients qui résultaient précisément des qualités qui leur avaient fait accorder la préférence : la pesanteur étant un accessoire nécessaire de leur solidité, il arriva que lorsque les sommes étaient considérables, le poids des monnaies devint énorme, et l'obstacle très grave, quand il fallut les envoyer dans des lieux fort éloignés.

Les peuples anciens, malgré la profonde sagacité que révèle l'invention des monnaies, ne surent pas trouver le moyen de vaincre l'inconvénient inhérent à leur magnifique découverte. La gloire en était réservée aux peuples modernes ; car malgré les dissertations savantes qui ont eu lieu sur ce point important, et sans parler des Egyptiens, des Tyriens, des Phéniciens, etc., comme l'a fait Heineccius, je crois, ainsi que le démontre Pothier, que les Romains n'ont jamais connu le contrat de change ; effectivement, s'ils l'avaient connu, on n'aurait pas eu besoin d'envoyer chercher à dos d'esclaves, les sommes d'argent à recouvrer dans les diverses parties de l'empire. Les jurisconsultes allemands, et surtout le savant Heineccius, ont déployé beaucoup d'érudition pour démontrer, par la correspondance de Cicéron, que les Romains connaissaient le contrat de change ; les auteurs français les plus célèbres, Savary, Pothier, Merlin, Montesquieu, pensent au contraire qu'il leur fut inconnu. Il y a du vrai dans chaque système :

le passage le plus décisif des lettres de Cicéron est la phrase dans laquelle il prie Atticus de lui procurer le moyen de faire toucher à son fils, à Athènes, par un échange, la somme qu'il destinait à sa dépense : *quare velim cures ut permutetur Athenas, quod sit in annuum sumptum ei.* — Cicéron voulant éviter le transport des monnaies métalliques de Rome à Athènes, désirait, au moyen d'un échange, faire compter à son fils sa pension annuelle à Athènes, et rembourser à Rome. Or, un pareil échange est et a toujours été le contrat de change : on ne saurait donc nier que la pensée nette et précise de ce contrat ne se soit présentée à l'esprit de Cicéron, et la lettre 15 du liv. 15, *ad Atticum*, ne permet là dessus aucune hésitation. Mais est-ce là ce qu'on veut dire quand l'on avance qu'un contrat aussi important a été connu des Romains ; non, sans doute. Pour que la Jurisprudence romaine, déjà si riche en belles maximes, pût encore revendiquer le contrat de change, il faudrait qu'on y trouvât des textes desquels on pût inférer qu'on en a fait un usage quelconque. Or, comme l'affirme Pothier, et l'on peut s'en rapporter à l'illustre auteur des Pandectes, il n'y a pas dans tout le corps du droit romain vestige du contrat de change. Sans doute Cicéron en a eu l'idée ; mais, s'il eût été en usage, croit-on qu'entre deux villes ayant des rapports si fréquents que Rome et Athènes, l'intervention d'Atticus eût été nécessaire pour une opération si simple. Les lettres de Cicéron prouvent le besoin du contrat de change et non point son usage chez le peuple romain : le génie aussi grand que l'empire, *orbi Romano ingenium par*, pouvait découvrir des combinaisons dont ses concitoyens n'avaient aucune idée. Pourrait-on dire que les Romains connaissaient le gouvernement représentatif, parce que Tacite a exprimé l'opinion que peut-être un jour on trouverait le moyen d'organiser un système composé de trois pouvoirs, tel qu'il en existe aujourd'hui.

Le contrat de change n'a pas été en usage chez les peuples anciens : mais à quelle époque a-t-il été introduit chez les peuples modernes ? C'est là un problème que la divergence des opinions et le défaut de renseignements précis rend à peu près insoluble. Savary a été un des premiers auteurs graves qui ait attribué aux Juifs l'honneur d'avoir découvert la lettre de change. Ce système, malgré l'incertitude qu'il laisse sur l'époque précise de l'invention, a été adopté par les écrivains les plus éminents, Montesquieu notamment, et quoique ce ne soit qu'une conjecture, l'esprit mercantile de la nation juive, et sa position particulière aux XIIe et XIIIe siècles, lui donnent beaucoup de vrai-semblance.

Montesquieu, liv. 21, chap. 20 : « Cependant on vit sortir le commerce du sein de la vexation et du désespoir ; les Juifs proscrits tour à tour de chaque pays trouvèrent le moyen de sauver leurs effets. Par là ils rendirent pour jamais leurs retraites fixes ; car tel prince qui voudrait bien se défaire d'eux, ne serait pas pour cela d'humeur à se défaire de leur argent. Ils inventèrent les lettres de change, et par ce moyen le commerce put éluder la violence et se maintenir partout, le négociant le plus riche n'ayant que des biens invisibles qui pouvaient être envoyés partout en ne laissant de trace nulle part. »

Voltaire adopte aussi cette opinion de Montesquieu : « Les proscrits de chaque pays trouvèrent ingénieusement le moyen de sauver leur fortune et de rendre pour jamais leurs retraites assurées. Chassés de France sous Philippe-le-Long, en 1318, ils se réfugièrent en Lombardie ; ils donnèrent aux négociants des lettres sur ceux à qui ils avaient confié leurs effets en partant, et ces lettres furent acquittées. L'*invention admirable des lettres de change* sortit du sein du désespoir ; et pour lors seulement le commerce put éluder la violence et se soutenir par tout le monde. »

« Il est difficile de penser, dit Merlin, v° *lettre de change*, § 2, que les Juifs n'aient pas pris des mesures pour faire passer en Lombardie la valeur de leurs biens, ce qui ne se pouvait faire que par le moyen des lettres ; ainsi il y a assez d'apparence qu'ils en furent les premiers inventeurs. »

La France doit à Louis XI le premier monument authentique qui atteste d'une manière indubitable l'usage du contrat de change dans notre patrie ; il est vraisemblable qu'il précéda de quelque temps la disposition législative qui s'en occupa. L'édit de 1462 porte, art. 8 : « Si par occasion d'aucunes lettres touchant lesdits échanges faits esdites foires, *pour payer et rendre argent* AUTRE PART, *ou des lettres qui seront faites* AILLEURS *pour rendre argent esdites foires de Lyon, etc.* »

Il est remarquable que par ces mots *autre part* et *ailleurs*, l'édit détermine avec beaucoup de précision le caractère essentiel de la lettre de change, qui, inventée pour remédier aux inconvénients des monnaies métalliques, doit nécessairement être payable autre part ou ailleurs que dans le lieu où elle a été souscrite.

Le commerce ne s'est pas contenté du service immense que rendait la lettre de change, on a encore voulu la faire jouir d'un autre avantage, en inventant la clause *à l'ordre*, *al ordine* qui nous est venue des Italiens, et dont l'effet consiste à rendre les lettres de change transmissibles par la voie de l'endossement, sans aucune des formalités exigées par le droit civil pour le transport des créances ordinaires.

Le transport des lettres de change et autres effets commerciaux par l'*endossement*, est une innovation d'une portée immense dans le monde commercial ; et il est fâcheux qu'on ne connaisse pas la date exacte de son introduction dans la Jurisprudence. Il paraît que ce fut sous le ministère du Cardinal de Richelieu que l'on commença à en faire usage en France ; mais jusqu'à l'ord. de 1673, il n'existe aucun texte de loi concernant ce sujet important.

Les contestations qui pouvaient survenir à l'occasion des lettres de change, furent pendant longtemps décidées par les usages du commerce ; on s'informait soigneusement de la Jurisprudence établie chez les nations commerçantes les plus éclairées : on avait recours à des parères ou consultations délibérées par les hommes les plus versés dans cette matière épineuse : la ville de Lyon avait à cet égard des règlements justement célèbres qui jouissaient d'une grande autorité ; l'ancienneté de ces règlements fait même penser, avec raison, que c'est dans cette ville que l'usage du contrat de change a commencé dans notre patrie : enfin jusqu'à Louis XIV, nous n'eûmes pas sur cette matière de législation spéciale, lorsque parut l'ordonnance de 1673, qui codifiant toutes les maximes généralement suivies, rendit à la France et à l'Europe entière qui l'adopta, un service qui honorera toujours la mémoire de Colbert et de Savary.

Les dispositions du livre 1er du Code de commerce ne sont guère, comme on l'a déjà dit, qu'une reproduction souvent littérale de l'ordonnance de 1673 : cette ordonnance désignée ordinairement sous le nom de Code marchand, avait fixé l'attention d'anciens jurisconsultes, qu'il est à propos de faire connaître, puisque l'identité des textes anciens et modernes conserve toujours à leur doctrine la même autorité.

Pothier est un Jurisconsulte tellement supérieur en toute matière, que quoiqu'il ne se soit occupé qu'en passant du droit commercial, il a écrit sur cette partie des traités qui sont des chefs-d'œuvre, que l'on n'a pas certes surpassés, peut-être même approchés sous le rapport de cette clarté, qui rend l'étude de ses ouvrages si facile, et porte à croire, quand on n'a pas essayé, que rien n'est si aisé que cette manière de traiter la Jurisprudence. Pothier a écrit sur le droit commercial plusieurs traités ; les divisions en sont méthodiques, le style simple et clair ; l'érudition n'y surabonde pas comme dans quelques auteurs qui, à force de citations, ont rendu leurs ouvrages illisibles, pour les personnes qui pèsent les raisons plus qu'elles ne comptent les autorités : l'évidence ordinaire des principes dont il tire ses déductions les met en général à la portée de tous les lecteurs ; et quoique tous ses traités aient principalement servi à nos législateurs pour la confection des Codes, on y trouve toutes les qualités des livres élémentaires, et on ne peut que dire aux étudiants : *Nocturnâ versate manu, versate diurnâ.*

Il est après Pothier des jurisconsultes qui ont eu le courage, et il en fallait, de traiter les matières dont s'était occupé ce grand homme. Jousse, son collègue et son contemporain, a écrit sur l'ordonnance de 1673, un commentaire apprécié depuis trop longtemps pour qu'il soit nécessaire aujourd'hui d'en signaler le mérite : ce jurisconsulte n'a pas adopté la forme du traité, plus dogmatique sans doute, mais moins commode pour la pratique que le commentaire, par la difficulté de distinguer d'un coup d'œil le texte légal de la doctrine qui l'approfondit et l'explique. Bornier et Bontaric, dans leur Recueil des ordonnances de Louis XIV, ont donné quelques notes sur l'ordonnance du commerce; mais quand on les isole des nombreux arrêts, édits ou documents de toute espèce dont elles sont accompagnées, l'œuvre de l'auteur se réduit à bien peu de chose, et je crains que l'on ne puisse en retirer que peu de fruit.

La Jurisprudence commerciale a toujours été fort négligée en France, c'est un point sur lequel tout le monde est d'accord, et la pénurie des ressources quand on veut l'étudier, suffirait au besoin pour en convaincre. Rogues, agréé pendant trente ans au consulat d'Angers, fit imprimer, en 1773, le fruit de ses longs travaux, sous le nom de *Jurisprudence consulaire :* c'est un livre excellent pour la pratique, ainsi que les ouvrages de Nicodème et de Toubeau, quoiqu'un grand nombre de questions qui y sont traitées aient perdu de leur intérêt par les modifications que le temps, les lois et les usages ont amenées dans la Jurisprudence commerciale.

Savary, rédacteur de l'ordonnance de 1673 et auteur du Parfait Négociant et des Parères, conserve à ce double titre une autorité qui augmente de jour en jour, à mesure que l'étude du droit commercial se répand en France : il est sans doute plusieurs parties de son ouvrage qui descendent à des détails mercantiles trop minutieux, peu dignes d'une tête aussi forte que celle de Savary, organisée pour donner des lois à une nation, et non point des préceptes à des commis de boutique : mais quoique l'on puisse penser du Parfait Négociant, il sera toujours vrai que le volume des parères offre un trésor pour le jurisconsulte appelé à donner son avis sur des matières qui ont attiré l'attention de Savary.

La lettre de change avait depuis longtemps occupé les commerçants instruits ; l'un d'eux, Dupuis de Lassera, entreprit d'en soumettre les maximes à une théorie scientifique : il le fit avec un bonheur qui a rendu son livre populaire dans l'Europe entière ; il est peu de langues dans lesquelles il n'ait été traduit ; quoiqu'on ait critiqué, peut-être avec raison, un emploi trop fréquent de citations, sa doctrine résumée à la fin de chaque chapitre en maximes clairement précisées, en rend l'usage facile dans la pratique : Pothier dans son Traité du contrat de change, ne dissimule pas avoir souvent profité de l'ouvrage de Lassera ; il ne parle de ses opinions qu'avec les plus grands égards ; s'en rapporte toujours à lui pour ce qui concerne la pratique du contrat de change, souvent même il lui arrive de ne motiver ses décisions que par ces mots : tel est l'avis de Lassera. Je souhaite à ceux qui écriront sur le droit commercial un suffrage qui vaille celui de Pothier.

QUESTIONS

SUR

LES SOCIÉTÉS ET LA LETTRE DE CHANGE.

———❦◇◇◇◇◇◇❦———

CODE DE COMMERCE, LIV. Ier.

TITRE III.

DES SOCIÉTÉS.

PRINCIPES GÉNÉRAUX.

QUESTION Ire.

Qu'est-ce que le contrat de société?

Pothier définit le contrat de société, un contrat par lequel deux ou plusieurs personnes mettent ou s'obligent de mettre en commun quelque chose, pour faire en commun un profit honnète, dont ils s'obligent réciproquement de se rendre compte.

Le contrat de société est un contrat du *droit naturel* gouverné principalement par les règles de l'équité : il est aussi *consensuel*, c'est-à-dire parfait par le seul consentement des parties contractantes ; les formalités exigées par la loi n'étant prescrites que pour la *preuve* de ce contrat, et n'appartenant point à sa substance : enfin, ce contrat est *synallagmatique*, chacun des associés s'obligeant réciproquement envers les autres.

QUESTION II.

Quelles sont les choses essentielles du contrat de société ?

Quatre choses sont *essentielles* au contrat de société , c'est-à-dire doivent s'y trouver *nécessairement* pour que les parties contractantes puissent être en état de société : il faut ,

1° Que chacune des parties apporte ou s'oblige d'apporter *quelque chose* à la société, ou de l'argent, ou d'autres effets, ou son travail et son industrie. — Ainsi dans le cas où un associé consentirait, par un motif d'affection , à donner une part de son bénéfice à une personne qui ne ferait aucun apport dans la société, cette convention serait une pure donation et non un contrat de société : *Donationis causa societas non recte contrahitur.* — Il est évident qu'il n'est pas le moins du monde nécessaire que ce que chacune des parties contractantes apporte ou promet d'apporter à la société, soit quelque chose de même nature ; mais il faut que ce que chacun des associés apporte à la société, soit quelque chose d'appréciable.

2° Il est de l'essence du contrat de société qu'elle soit contractée dans l'*intérêt commun* des parties. Lorsque dans une convention on n'a envisagé que l'intérêt particulier de l'une des parties , ce n'est pas un contrat de société , mais un contrat de mandat sujet à révocation.

3° Il est de l'essence du contrat de société que l'affaire qui en est l'objet soit quelque chose de licite , et que le profit qu'elles se proposent d'en retirer soit un profit honnête : *Nec enim ulla societas maleficiorum.*

4° Il est de l'essence du contrat de société que les parties se proposent , par le contrat, de faire un gain ou profit dans lequel chacune des parties contractantes puisse espérer d'avoir part , à raison de ce qu'elle a apporté à la société : c'est pourquoi si , par le contrat d'une prétendue société , il était convenu que le profit appartiendrait *en entier* à l'une des parties contractantes , sans que l'autre y pût prétendre de part *en aucun cas*, une telle convention ne serait pas un contrat de société, et elle serait nulle comme manifestement injuste : les jurisconsultes romains ont donné à cette espèce de convention le nom de *société léonine*, par allusion à la fable du lion, qui , ayant fait une convention de société avec d'autres animaux pour aller à la chasse , s'empara seul de toute la proie.

QUESTION III.

La part dans les bénéfices peut-elle être conditionnelle ?

Il n'est pas nécessaire pour la validité du contrat de société, que chacune des parties contractantes doive avoir *en quelque cas que ce soit* une part dans le profit de la société ; il suffit qu'elle puisse espérer y avoir part, et on peut faire dépendre de la quantité à laquelle montera le profit de la société, comme d'une condition, la part que l'un des associés y aura. C'est ce qui se rencontre dans l'espèce de la loi 44, ff. Pro soc. : *Si margarita tibi vendenda dedero, ut si eam decem vendidisses; redderes mihi decem, si pluris, quod excedit tu haberes; mihi videtur, si animo contrahendæ societatis id actum sit, pro socio esse actionem.*

QUESTION IV.

Quelle est la principale différence qui existe entre la *société* et la *communauté ?*

La société et la communauté ne sont pas la même chose. La société est le contrat par lequel deux ou plusieurs personnes conviennent de mettre quelque chose en commun. Lorsqu'en exécution de ce contrat, elles ont effectivement mis en commun ce qu'elles étaient convenues d'y mettre : c'est une communauté qui se forme entre elles. Cette espèce de communauté s'appelle aussi société, parce qu'elle est formée en exécution d'un contrat de société ; *nulla societas sine communione.*

La *communauté* soit d'une universalité de choses, soit de choses particulières qui est entre deux ou plusieurs personnes, sans qu'il y ait entre elles aucun contrat de société ni aucune convention, est une espèce de quasi-contrat : on peut donner pour exemple de cette espèce de communauté, celle des biens d'une succession échue à plusieurs héritiers, ou des choses léguées conjointement à plusieurs légataires.

La principale différence entre la société et la communauté, c'est que la société est un contrat, et que la communauté qui en résulte est formée par la volonté et le consentement des parties : au contraire , la communauté n'est pas un contrat , et elle se forme sans le consentement et la volonté des parties.

QUESTION V.

En quoi l'action *pro socio* diffère-t-elle de l'action *communi dividundo* ?

La communauté engendre l'action *familiæ erciscundæ* et l'action *communi dividundo* qui se confondent dans notre droit ; mais la société engendre , outre l'action *communi dividundo* qui est commune avec toutes les communions , l'action *pro socio* qui est fort différente ; car cette action est personnelle , tandis que l'action *communi dividundo* est mixte : cette dernière action a toujours pour but un partage : l'action *pro socio* s'exerce dans d'autres vues , comme par exemple , pour forcer un associé à exécuter ses engagements , ou à rapporter à la société une chose qu'il en a distraite , etc.

Pothier pense que lorsque la société est dissoute , chaque associé peut demander le partage par l'action *pro socio* ou *communi dividundo* , à son choix. Le droit romain présentait sur ce point beaucoup de difficultés qui rendent la solution douteuse.

QUESTION VI.

La société forme-t-elle un être moral ayant un patrimoine distinct de celui des associés ?

Le point de savoir si les sociétés sont des êtres moraux , n'avait pas été traité dans l'ancien droit , avec les grands développements qu'on lui a donnés dans la Jurisprudence moderne : on trouve dans le droit romain des textes fort courts qui révèlent l'idée d'une pareille personnification *societas vice personæ fungitur* , et Pothier n'a pas écrit une seule ligne à ce sujet , dans son *Contrat de Société* , quoiqu'il l'ait personnifiée expressément dans son *Traité de la Prescription* , n° 79 , en parlant de la *possession* de la société.

S'il ne s'agissait que d'introduire dans la Jurisprudence une entité métaphysique de plus ou de moins , le silence de Pothier serait peut-être à imiter ; mais comme on dote cet être moral d'un patrimoine individuel , d'où sont exclus tous les créanciers personnels de chaque associé , la question a une très grande portée pratique : relativement aux sociétés de commerce, la participation exceptée , on paraît généralement d'accord sur leur personnification. Mais il n'en est pas de même pour les sociétés civiles, leur personnification , et surtout les conséquences qui en découlent , c'est-à-dire l'exclusion des créanciers des associés du patrimoine social , a été vivement controversée. Malgré les raisons solides qui ont été données , la Jurisprudence paraît fixée d'une manière irrévocable sur ce point épineux : on a fait valoir avec succès que les art. 1845 , 1846 , 1848 , 1849, 1851 , 1852, 1863, 1867 (et 529 surtout), investissant la société d'un droit de propriété distinct des droits des associés, il en résultait la création d'un être moral , d'une personne fictive et morale , séparée des associés; et tels sont les termes formels d'un arrêt de la Cour de cassation du 8 novembre 1836, qui porte *ipsis terminis* « que la société *civile* est comme la société de commerce , un *être moral* , dont les intérêts sont distincts de ceux de chacun de ces membres. »

Les sociétés civiles et commerciales formant des êtres moraux ayant des droits distincts de ceux des associés , il en résulte cette conséquence si importante que les créanciers sociaux, quoique aucun texte de loi , si ce n'est l'article 531 du Code de comm. , n'ait établi ce privilége , doivent être préférés aux créanciers personnels sur les biens sociaux , conformément à cette maxime de statut de Gênes toujours suivie dans la Jurisprudence française : *Creditores societatum mercatorum…. in rebus et bonis societatum…. præferantur quibuscumque aliis creditoribus sociorum singulorum…. etiam dotibus.*

QUESTION VII.

Comment se divisent les profits et pertes?

L'équité exige, lorsque les associés ont gardé le silence dans le contrat, que la part assignée à chacun des associés dans le profit , soit en même proportion que la valeur de ce que chacun d'eux a apporté à la société : par exemple , si deux associés ont contribué également au fonds de la société , ils doivent avoir chacun une part égale dans le profit. Mais si l'un d'eux y a apporté le double de l'autre, il doit avoir une double part dans le profit, c'est-à-dire qu'il doit en avoir les deux tiers, et l'autre seulement le tiers.

Le Code civil, art. 1853, adoptant la doctrine de Pothier, érige en texte de loi le principe équitable qui proportionne les profits et pertes aux mises sociales : le paragraphe célèbre de la loi romaine, sur ce point important, avait donné lieu à de très graves controverses. La loi 29, ff. *Pro socio*, dit, *si non fuerint partes societati adjectæ*, ÆQUAS *eas esse constat.* Comment fallait-il entendre le mot *æquas :* s'agissait-il d'une égalité relative, c'est-à-dire proportionnelle aux mises, comme l'entend Pothier et le Code civil d'après lui : ou bien était-ce une égalité *absolue* et mathématique, divisant les profits et pertes par le nombre des associés, et attribuant à chacun une part virile ou égale, abstraction faite de la valeur des mises. Je ne puis m'empêcher de croire que l'égalité *absolue* était véritablement la pensée d'Ulpien, dans la loi 29 et les lois 6 et 80, au ff. *Pro socio* qu'on avait opposées à cette inter-prétation, n'y sont nullement contraires ; car il s'agit du cas où dans le contrat de société, loin de garder le silence sur les parts, on en aurait laissé la fixation *arbitrio boni viri*, chose bien différente, et ces deux lois décident qu'en pareil cas, l'équité commande l'égalité proportionnelle, et non point *ut ex æquis partibus socii simus*, comme cela aurait eu lieu sans la clause du *boni viri arbitrium ;* c'est-à-dire d'après la loi 29, qui, loin d'être ébranlée par ces deux décisions, s'en trouve je crois singulièrement corroborée.

QUESTION VIII.

Comment diviser les profits ou pertes quand la valeur des mises est incertaine ?

Quand la valeur de chaque mise est apparente comme de l'argent, ou estimée par le contrat, rien n'est facile comme l'application du principe de l'égalité proportionnelle ; mais il en est bien autrement quand la valeur des apports est incertaine, et il faut en revenir au principe de l'égalité absolue consacrée par la loi romaine : *Si partes societati non fuerint adjectæ æquas eas esse constat ;* car le silence gardé par les associés sur la valeur des apports rendant le calcul proportionnel impossible ou du moins fort difficile, on doit présumer que leur intention est de partager la société par portions égales : telle est la doctrine de Pothier à qui l'on doit l'adoption du principe de l'égalité proportionnelle, quand les mises sont déterminées ; et ces deux espèces d'égalité admises pour des cas si différents me paraissent préférables au système des auteurs qui, ne voulant admettre que l'égalité proportionnelle, pensent qu'il faudra, lors du partage, se livrer à des expertises ou appréciations rétroactives de la valeur des apports ; manière de procéder qu'une foule de circonstances peut rendre impraticable, et que la présomption si naturelle de la loi romaine évitait avec tant de sagesse : peut-être même que la loi 29 n'avait été faite que pour ce cas spécial et non point pour celui où les mises sont déterminées, quoiqu'on ait voulu l'y étendre en l'érigeant en règle générale.

QUESTION IX.

Peut-on s'en rapporter à un associé ou à un tiers pour le règlement des parts?

Quelquefois les parties ne règlent pas elles-mêmes les parts que chacun des associés aura ; mais elles conviennent par le contrat de société, de s'en rapporter au règlement qui en sera fait par une certaine personne, ou même quelquefois par l'une des parties. Ce règlement auquel elles conviennent de s'en rapporter, ne doit pas s'entendre d'un règlement purement arbitraire, mais d'un règlement qui sera fait selon les règles de l'équité *arbitrium boni viri.* (L. 76, 77, 78, ff. *Pro soc.*) C'est pourquoi si le règlement qu'aurait fait l'expert auquel elles s'en sont rapportées, était manifestement inique, la partie lésée pourrait le faire réformer : *Si arbitrium ita pravum est, ut manifeste iniquitas ejus appareat, corrigi potest per judicium bonæ fidei.* (L. 79.)

QUESTION X.

Quid si la personne désignée vient à mourir?

La loi romaine étant formelle, l'hésitation n'est pas permise malgré le silence de Pothier et du Code civil sur ce point important : *Si coita sit societas ex his partibus quas Titius arbitratus fuerit. Si Titius antequam arbitraretur decesserit, nihil agitur : nam idipsum actum est, ne aliter societas sit, quam ut Titius arbitratus sit.* (L. 75 , ff. *Pro soc.*)

QUESTION XI.

Peut-on stipuler qu'un associé ne supportera rien dans les pertes ?

Régulièrement chacun des associés doit supporter, dans la perte que fera la société, la même part qu'il doit avoir dans le gain, au cas que la société prospère.

Cette règle souffre exception dans le cas auquel l'un des associés, à qui on n'a assigné une part dans le gain qu'à raison de ce qu'il a contribué à la société en argent ou en marchandises, y a de plus apporté seul son travail et son industrie. On peut en ce cas équitablement convenir qu'il supportera une moindre part dans la perte, ou même qu'il ne supportera rien du tout de la perte, pourvu que le prix de son travail et de son industrie soit égal au risque de la perte dont on le décharge : *Ita coiri societatem posse , ut nullius partem damni alter sentiat , lucrum vero commune sit , Cassius scribit; quod ita demum valebit , si tanti sit opera quanti damnum est.* (L. 29 , ff. *Pro soc.*)

Le Code civil, art. 1855, en défendant toute stipulation qui accorde à l'un des associés la totalité des bénéfices, ou qui affranchit de toute contribution aux pertes les *sommes* et *effets* mis dans la société, permet évidemment, comme l'enseignait Pothier d'après le droit romain, à l'associé qui n'apporte que son travail ou son industrie de stipuler la franchise de toute perte : on a même fait observer avec raison que, d'après la manière de calculer les profits et pertes, une pareille convention ne contenait pas du tout l'affranchissement des pertes que le jurisconsulte semblait y voir; car il est clair que lorsque la société ne présente aucun bénéfice, l'associé qui a fourni son industrie aura perdu son travail et ses peines; or, *si tanti sit opera quanti damnum est* , il perd tout comme un autre : véritablement malgré le respect que méritent les lois romaines, on ne saurait justifier celle-ci du reproche qui lui a été fait, de donner comme exemple d'un affranchissement des pertes le cas précis et textuel où il s'agit d'un travail perdu exactement égal en valeur au dommage que l'associé aurait supporté s'il eut apporté un capital.

QUESTION XII.

Comment se déterminent les profits ou pertes?

C'est un principe général, en matière de société, que pour calculer les bénéfices et les pertes, on fasse une masse de toutes les pertes, et qu'on les balance avec la masse des bénéfices : ainsi, quand il a été stipulé que l'un des associés supportera une moindre part, ou même ne supportera aucune part dans les pertes ; cela ne doit pas s'entendre en ce sens, que cet associé aura part au profit de chacune des affaires qui auront été avantageuses à la société, sans porter rien de la perte que la société a soufferte dans celles qui lui ont été désavantageuses, ce qui serait manifestement injuste. Mais cela s'entend en ce sens, qu'après la dissolution de la société, on fera un état de tous les gains que la société a faits, et un état de toutes les pertes qu'elle a faites dans toutes les différentes affaires qu'elle a entreprises ; et que si le total des gains excède le total des pertes, cet associé prendra sa part dans l'excédant ; et que si au contraire, le total des pertes excède celui des gains, cet associé n'aura ni profit ni perte : *Neque enim lucrum intelligitur, nisi omni damno deducto, neque damnum nisi omni lucro deducto.* L. 30, ff. *Pro soc.*

2

DE L'ADMINISTRATION DES SOCIÉTÉS.

QUESTION Ire.

Quels sont les pouvoirs de l'associé, nommé *gérant ?*

Quelquefois, par le contrat de société, on donne à l'un des associés l'administration des biens et des affaires de la société.

Les associés peuvent, par cette clause, donner telles bornes ou telle étendue qu'ils jugent à propos à ce pouvoir d'administrer qu'ils accordent à l'un d'entre eux.

Lorsque les associés ne s'en sont pas expliqués, ce pouvoir renferme, par rapport aux biens et aux affaires de la société, ce qu'a coutume de renfermer une procuration générale qu'une personne donne à quelqu'un pour administrer ses biens ; car celui de ces associés à qui on a donné cette administration, est comme le procureur général de ces associés, pour les biens et affaires de la société.

QUESTION II.

Quelles sont les choses que le gérant peut vendre ou qu'il doit conserver ?

Le gérant étant le procureur général des associés pour les biens et affaires de la société, il en résulte qu'il peut faire tous les actes et marchés nécessaires pour les affaires de la société ; comme de recevoir et donner quittance de ce qui est dû à la société par ses débiteurs ; de faire contre eux les poursuites nécessaires pour en procurer le paiement ; de payer ce qui est dû aux créanciers de la société ; de faire les marchés avec les serviteurs et ouvriers employés pour le service de la société ; de faire les achats des choses nécessaires pour les affaires de la société ; de *vendre* les choses dépendantes de la société, *qui sont destinées à être vendues, et non d'autres. — Procurator totorum bonorum res domini neque mobiles, neque immobiles, neque servos sine speciali domini mandato alienare potest, nisi fructus, aut alias res quæ facile corrumpi possunt.* (L. 63, ff. *De procur.*) — Ainsi, dans une société de commerce, le gérant peut bien vendre les marchandises de cette société, ces marchandises n'y étant entrées que pour être vendues. Mais son pouvoir ne s'étend pas jusqu'à pouvoir vendre la maison qui a été acquise pour faire le siége du commerce, ni à imposer des servitudes : il ne peut pas même vendre les meubles qui sont dans cette maison pour y rester, comme des chaudières, des métiers et autres ustensiles du commerce.

QUESTION III.

Le gérant peut-il emprunter pour les fins légitimes de son administration ?

Le point de savoir si le gérant pouvait *emprunter* a toujours été et est encore un sujet de controverse : Pothier et le Code civil ont gardé le silence à cet égard, et l'on a voulu conclure, peut-être avec quelque raison, que le texte des art. 1859 et 1862 s'opposaient au pouvoir d'emprunter. Le gérant étant un procureur général doit être investi des mêmes droits ; or, au titre du mandat n° 160, Pothier enseigne que le procureur *omnium bonorum* peut obliger les biens dont il a l'administration pour des *emprunts de sommes modiques*, qui tendent à quelques-unes des fins de son mandat.

Mais si, quoiqu'en son nom de procureur, il faisait des emprunts de sommes considérables qui excédassent les bornes de son administration, ou des sommes dont on ne verrait pas l'emploi, il excéderait en ce cas son pouvoir, et il n'obligerait ni la personne, ni les biens du mandant.

QUESTION IV.

Le gérant peut-il hypothéquer, transiger ou compromettre ?

Le pouvoir d'emprunter des sommes modiques pour les fins de l'administration, n'emporte pas nécessairement le droit d'hypothéquer les biens sociaux ; car le plus souvent, le gérant fournira des billets ou effets de commerce pour ces sortes d'emprunts ; mais si les prêteurs exigeaient des hypothèques, le texte formel de l'art. 2124 du Code civil qui refuse le droit d'hypothéquer à celui qui ne peut aliéner, et l'art. 1998, § 2, s'opposent péremptoirement à ce que le gérant puisse faire une pareille concession.

Le pouvoir de l'associé administrateur ne s'étend pas jusqu'à pouvoir, sans l'avis de ses associés, transiger sur les procès de la société ; car cela passe le pouvoir d'un fondé de procuration générale : *Mandato generali non contineri etiam transactionem decidendi causâ interpositam.* (L. 60, ff. *De procur.*) Le gérant ne pouvant transiger, ne peut non plus compromettre ; le pouvoir, à ce sujet, devant être exprès et ne résultant même pas de celui qui lui aurait été donné relativement aux transactions, art. 1989 C. C.

Le gérant est aussi sans pouvoir en ce qui concerne les actions judiciaires, dont l'issue pourrait entraîner la perte des choses dont l'aliénation lui est défendue : *Est enim absurdum,* dit Ulpien, *cui alienatio interdicitur, permitti actiones exercere, et ita Labeo scribit.*

QUESTION V.

En quoi le gérant, nommé par le contrat, diffère-t-il du procureur général ?

Quoique le pouvoir d'un associé qui, par la loi apposée au contrat de société, est l'administrateur des biens de la société, puisse être comparé à celui d'un homme à qui quelqu'un aurait donné une procuration générale pour gérer ses affaires, il faut néanmoins observer entre eux une différence. Le pouvoir de celui-ci étant révocable, selon la nature du contrat de mandat, il peut bien faire à l'insu de celui qui lui a donné la procuration, tous les actes dépendants de l'administration qui lui a été confiée, celui qui lui a donné procuration étant censé y consentir; mais il ne peut rien faire contre son gré, et contre la défense qui lui aurait été notifiée. Au contraire, le pouvoir d'administrer, qui est accordé à l'un des associés par le contrat de société, étant une des conditions de ce contrat, cet associé n'ayant consenti à la société qu'à la charge qu'il en aurait l'administration, ce pouvoir n'est pas révocable tant que la société dure. C'est pourquoi cet associé peut faire, même contre le gré et malgré l'opposition des autres associés, tous les actes qui dépendent de son administration, pourvu que ce soit sans fraude, et pour le bien de la société.

Il en serait autrement si ce n'était pas par le contrat de société; mais depuis que le pouvoir d'administrer la société eut été accordé à l'un des associés; il ne serait dans ce cas qu'un simple mandataire de ses associés, qui pourrait être révoqué, et qui ne pourrait rien faire malgré eux.

La doctrine de Pothier et la distinction qu'il établit entre le gérant nommé par le contrat de société et celui nommé par acte postérieur, a été copiée mot pour mot dans l'art. 1856 du Code civil; mais Pothier, et par suite le Code civil, ont gardé le silence sur le point de savoir si la révocation pour *cause légitime*, peut être demandée par un seul associé, ou s'il faut le concours de la majorité : la question est controversée et véritablement difficile; la loi n'exige pas le concours de la majorité, et c'est ajouter à son texte que d'imposer cette condition ; d'un autre côté, quoique le nombre des demandeurs n'ait pas d'influence sur la gravité de la cause légitime qui doit être appréciée par les juges ou les arbitres, il peut y avoir de très grands inconvénients à donner à chaque associé le droit d'intenter au gérant des procès qui mettent à chaque instant son pouvoir en question.

QUESTION VI.

Quels sont les pouvoirs des gérants quand l'administration est ou n'est pas partagée entre eux ?

On donne quelquefois, par le contrat de société, à plusieurs des associés, l'administration des affaires de la société. Si cette administration a été *partagée* entre eux, comme si l'un a été préposé pour faire les achats, l'autre pour vendre les marchandises, chacun d'eux ne peut faire que les actes qui dépendent de la partie de l'administration qui lui a été confiée. Mais si l'administration *n'a pas été partagée* entre eux, chacun d'eux peut séparément, et sans l'autre, faire valablement tous les actes qui dépendent de l'administration de la société ; à moins que la clause par laquelle ils ont été préposés, ne portât qu'ils ne pourront rien faire l'un sans l'autre. Cette clause, que l'un des administrateurs ne pourra rien faire sans l'autre, doit être exécutée, même dans le cas auquel il arriverait que l'un des associés serait empêché, soit par maladie ou autre-

ment, jusqu'à ce que les associés en aient disposé autrement. Cod. civ.,
art. 1857, 1858.

QUESTION VII.

Quels sont les droits de chaque associé quand on n'a pas nommé
d'administrateur ?

Quand les associés n'ont pas nommé d'administrateur dans le contrat de société, comme les biens ne peuvent s'administrer d'eux-mêmes, il résulte nécessairement de ce silence, que leur volonté est de ne donner à aucun d'eux un
pouvoir qui n'appartiendrait pas aux autres, et le Code, art. 1859, érigeant
en loi la doctrine de Pothier sur ce point important, présume que les associés
sont censés s'être donnés réciproquement le pouvoir d'administrer l'un pour
l'autre les affaires de la société; d'où la conséquence que ce que chacun des
associés fait est valable, même pour les parts de ses associés, sans qu'il ait pris
leur consentement. Mais si lors d'un marché que l'un des associés voudrait
faire, et avant qu'il fût conclu, l'autre associé s'y opposait, il ne pourrait pas
le conclure suivant cette règle de droit ; *in re pari potiorem esse causam prohibentis
constat.* Dans le cas où un administrateur a été nommé, les associés s'étant dépouillés en sa faveur du droit d'administration, ne peuvent en paraliser l'exercice par des actes d'opposition : mais quand des administrateurs n'ont pas été
nommés, chaque associé ayant un droit égal, l'associé qui s'oppose au marché,
a un pouvoir égal pour administrer, à celui qu'a l'associé qui veut faire le
marché. Ils sont l'un et l'autre également administrateurs de leur société ; c'est
pourquoi, c'est le vrai cas de la règle : *in re pari potior causa prohibentis.*

Quand la société ne se compose que de deux personnes ou de plusieurs, mais
également partagées, relativement à une opération qu'une moitié veut faire,
tandis que l'autre moitié s'y oppose, c'est sans aucune difficulté, le cas d'appliquer la maxime *in re pari*, et l'opération ne doit pas avoir lieu ; mais les meilleurs jurisconsultes sont divisés sur le point de savoir si la minorité opposante
peut empêcher la majorité d'agir, et en général on pense que non, quoique le
texte formel de l'art. 1859, sauf le droit qu'ont les associés ou *l'un d'eux*, de
s'opposer, etc., semble militer fortement pour un système contraire.

QUESTION VIII.

Quels sont les droits des associés dans les choses sociales?

Chacun des associés peut se servir des choses qui appartiennent à la société, pourvu qu'il les fasse servir aux usages auxquels elles sont destinées, et à la charge de contribuer pour sa part aux dépenses nécessaires pour leur conservation; mais il ne peut faire aucun changement ou innovation sur les immeubles dépendants de la société, quand même cette innovation serait avantageuse à la société : *In re communi neminem dominorum quicquam facere invito altero posse. In re enim pari potiorem esse causam prohibentis.* (L. 28 , ff. *Comm. divid.*) Mais si l'ouvrage avait été achevé sans l'opposition des associés, ils ne pourraient pas l'obliger à le démolir, mais seulement à indemniser la société du tort qu'elle en aurait souffert : *Etsi in communi prohiberi socius à socio, ne quid faciat potest ; ut tamen factum opus tollat cogi non potest , si cum prohibere poterat ; hoc prætermiserit.* (L. 28 , ff. *Comm. divid.*)

QUESTION IX.

Un associé peut-il associer un tiers à la société?

Chacun des associés n'ayant le droit de disposer des effets de la société que pour la part qu'il a dans cette société, c'est une conséquence qu'il peut bien, sans le consentement de ses associés, s'associer un tiers à la part qu'il a dans la société, mais qu'il ne peut pas, sans le consentement de ses associés, l'associer à la société. De là, cette règle de droit *socius socii mei , meus socius non est.* (L. 47 , ff. *De reg. jur.*) Quand même l'associé aurait l'administration de la société , il ne pourrait associer un tiers à la société sans le consentement des associés ; car, c'est évidemment passer les bornes d'une simple administration , que de donner à ses associés un associé qu'ils n'ont pas choisi eux-mêmes.

QUESTION X.

Quelle est la principale obligation de chaque associé?

Il est évident que la principale obligation de chaque associé est d'y apporter sa mise dont il est débiteur jusqu'à ce qu'il en ait effectué le paiement. Si les choses qu'il a promis d'y apporter sont des corps certains et déterminés qui viennent à périr sans la faute de l'associé débiteur, avant qu'il ait été constitué en demeure de les apporter à la société, il est quitte de son obligation, de même que s'il les avait apportées ; mais lorsque la chose qu'il avait promis d'apporter à la société était une certaine somme d'argent, ou une certaine quantité de blé, de vin, etc., ou des corps indéterminés, comme des chevaux, des bœufs, etc., sans déterminer lesquels, il est évident qu'il ne peut invoquer le principe dont on vient de parler, ne pouvant y avoir d'extinction de ce qui est indéterminé : *Genus numquam perit.*

QUESTION XI.

De quelles fautes les associés sont-ils responsables ?

Sans aucun doute, chaque associé est débiteur envers la société des dommages qu'il a causés par sa faute, et l'art. 1850 n'a pas manqué de copier ce principe dans le § 124 de Pothier. Chacun des associés, dit ce grand jurisconsulte, n'est tenu à cet égard que de la *faute ordinaire*, et non de la *faute la plus légère.* On ne peut exiger de lui que le soin dont il est capable, et qu'il apporte à ses propres affaires : s'il n'a pas la même prévoyance qu'ont dans leurs affaires les plus habiles pères de famille, ses associés ne doivent pas lui imputer ce défaut, mais plutôt s'imputer à eux-mêmes de s'être associés avec lui : *Culpa non ad exactiorem diligentiam redigenda est, sufficit enim talem diligentiam communibus rebus adhibere, qualem suis rebus adhibere solet ; quia qui parum diligentem sibi socium acquirit, de se queri debet.* (L. 72, ff. *Pro soc.*)

La théorie de la prestation des fautes était fort obscure dans le droit romain. La loi 72, citée par Pothier, est précisément celle qui avait donné lieu à la division tripartite des fautes, *lata, levis et levissima,* connue depuis si longtemps dans la Jurisprudence : cette division commode pour l'esprit, qui conçoit facilement que la gravité d'un fait reprochable est susceptible de plusieurs nuances, avait été adoptée par d'illustres interprètes, et notamment Pothier ; mais d'autres docteurs non moins célèbres avaient préféré une division bipartite qui excluait la faute très légère. La loi n'ayant pu caractériser la variété infinie des faits qui peuvent donner lieu à responsabilité , il faut nécessairement s'en rapporter à la sagesse des tribunaux, et l'on comprend que peu doit importer dans la pratique le point de savoir si ces différents faits doivent être classés sous une classification tripartite ou bipartite.

Le législateur comprenant l'impossibilité de préciser les faits donnant lieu à responsabilité, a voulu donner aux juges un type de perfection légale dont la conformité mettrait à l'abri de tout reproche, tandis que le plus ou moins de dissemblance exposerait à des dommages-intérêts ; ce type, c'est *le bon père de famille* dont les soins sont le *criterium* signalé aux tribunaux par l'art. 1137. Or, c'est précisément le type choisi par le législateur, pour éclaircir une matière fort obscure au moyen d'un criterium qui n'est pas plus clair, qui a donné lieu aux difficultés qui ont divisé, qui divisent et qui probablement diviseront *in secula seculorum* tous les docteurs passés, présents et futurs, *mundum tradidit disputationibus eorum.* Les juges en appréciant la gravité des fautes doivent-ils seulement considérer le type abstrait du bon père de famille, ou doivent-ils, au contraire, prendre en considération, dans chaque procès, les soins que l'individu *de cujus* apportait à ses propres affaires, et déterminer s'il est ou n'est pas en faute d'après ce criterium relatif et variable à chaque contestation ? telle est la difficulté : on voit clairement que la loi 72 la décide dans ce dernier sens, *sufficit talem diligentiam qualem* SUIS REBUS *adhibere solet.*

QUESTION XII.

L'associé peut-il compenser le dommage avec le bénéfice dont il est cause ?

Un associé ne peut pas se dispenser de faire raison à la société du dommage qu'il lui a causé par sa faute dans quelque affaire, en opposant la compensation des profits beaucoup plus considérables qu'il a procurés par son industrie dans d'autres affaires : *Si socius quædam negligenter in societate egisset, in pluresque autem societatem auxisset, non compensatur compendium cum negligentiâ.* (L. 26, ff. *Pro soc.*) La raison est, que cet associé, devant à la société son industrie, il n'a fait que s'acquitter envers elle de ce qu'il lui devait, en lui apportant des profits qu'il a faits par son industrie ; la société ne lui est pour cela redevable de rien qu'il puisse opposer en compensation de ce qu'il doit.

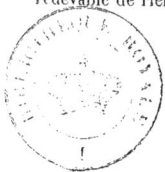

3

DES SOCIÉTÉS DE COMMERCE.

QUESTION Ire.

Quel est le nombre et le caractère des sociétés de commerce ?

Les sociétés se divisent en deux grandes classes : les sociétés civiles et les sociétés commerciales.

Les sociétés commerciales sont celles qui sont formées pour exercer un commerce ou pour faire des actes de commerce, c'est leur but et non la forme des actes ou la qualité des parties qui imprime aux sociétés leur caractère commercial. Toutes les autres sociétés sont des sociétés civiles.

Le Code de commerce, art. 632, 633, a défini les actes réputés commerciaux. Quand une société se forme pour se livrer à l'un de ces actes, elle est société de commerce. En dehors de cette limite, les sociétés sont purement civiles ; leurs spéculations et leurs gains n'ont rien de commercial.

Le Code de commerce reconnaît expressément trois espèces de sociétés de commerce : la société en nom collectif, la société en commandite, la société anonyme.

QUESTION II.

Qu'est-ce que la société en nom collectif ?

La société, *en nom collectif*, est celle que contractent deux ou plusieurs personnes toutes également et solidairement responsables, et qui a pour objet de faire le commerce sous une raison sociale.

Le caractère essentiellement distinctif de la société en nom collectif, c'est-à-dire qui n'a lieu que dans cette société, c'est la solidarité passive qui pèse indistinctement et par la force de la loi sur tous les membres de la société quel qu'en soit le nombre : on comprend facilement qu'elle a été établie dans ce genre de société pour augmenter les garanties de ceux qui traitent avec elle, et lui procurer par suite le plus grand crédit possible. La ruine complète et l'emprisonnement qui menace tous les associés en cas de faillite, suffit naturellement pour leur inspirer la prudence et la circonspection. Il est clair que la solidarité est de l'essence de toute société en nom collectif, et que ce serait la dénaturer que d'y porter la moindre atteinte.

La société en nom collectif a une raison sociale, mais cela ne lui est pas particulier comme la solidarité, car la société en commandite a aussi la sienne.

On entend par *raison sociale*, la signature de la société, c'est-à-dire la manière dont il a été convenu par les associés que seraient signés les engagements pris au nom de la société.

QUESTION III.

A quelles conditions les associés sont-ils obligés solidairement ?

Deux conditions sont nécessaires pour que les associés soient obligés solidairement, il faut :

1° que l'associé qui a contracté la dette, ait le pouvoir d'obliger tous les associés ; 2° il faut aussi que l'engagement contracté par l'associé ayant pouvoir, ait été pris au nom de la société et signé de la raison sociale.

Quand ces deux conditions se réunissent, tous les associés sont obligés solidairement au paiement de la dette, quand même la société n'en aurait retiré aucun profit ; par exemple, si l'un des associés a emprunté une somme au nom de la société, quoiqu'il ait employé cette somme à ses affaires personnelles, et non à celles de la société, le créancier qui a son billet signé de la raison sociale, peut en demander le paiement à tous les associés ; car ce créancier ne pouvait pas prévoir l'emploi que l'associé ferait de la somme qu'il lui a prêtée pour la société : les associés doivent s'imputer, *sibi imputare debent*, comme dit la loi romaine, de s'être associés à un associé infidèle, de même qu'en pareil cas, un commettant doit s'imputer d'avoir préposé à ses affaires une personne infidèle.

QUESTION IV.

Dans quel cas tout associé indistinctement oblige-t-il la société en signant sous la raison sociale ?

C'est un principe général en matière de société (Cod. civ. , art. 1859), que lorsque les administrateurs n'ont point été nommés par le contrat , tous les associés sont censés s'être donnés réciproquement pouvoir d'administrer l'un pour l'autre, d'où résulte la conséquence que, dans ce cas, chaque associé ayant le même pouvoir , tout engagement signé de la raison sociale par un associé quelconque , réunit les deux conditions exigées pour obliger la société , et c'est là le vrai sens de l'art. 22 du Cod. de comm.

Lorsque des associés , en formant le contrat de société, ont nommé un ou quelques-uns d'entre eux administrateurs de la société , il résulte clairement de cette nomination que ceux qui ne sont pas désignés , ne peuvent aucunement se mêler de l'administration , ni l'obliger d'une façon quelconque : l'associé qui n'est pas administrateur, dit l'art. 1860 , ne peut aliéner ni engager les choses même mobilières qui dépendent de la société.

QUESTION V.

Comment peut-on savoir si un associé a le pouvoir d'administrer la société ?

Puisque les engagements signés par un associé sans pouvoir , n'obligent pas la société , les tiers qui contractent avec la société ont grand intérêt à savoir quels sont les associés investis de ce droit , et c'est pour cela que le législateur ancien et moderne prescrit, à peine de nullité, la publication des contrats de société, et notamment de la clause qui désigne *ceux des associés autorisés à gérer*, *administrer et signer pour la société*. Celui qui traite avec un associé doit s'informer , par la lecture de l'acte de société, s'il a effectivement le pouvoir d'administrer la société : *Qui cum aliquo contrahit , debet esse gnarus conditionis ejus cum quo contrahit*, et c'est évidemment sa faute s'il se trompe à cet égard ; mais si les associés, au mépris des injonctions formelles de la loi, avaient négligé de publier leur contrat, ou omis dans la publication la clause qui limite à certains associés le droit de l'administrer, il va sans dire que cette limitation serait comme non avenue à l'égard des tiers, et que tout associé quelconque engagerait la société en signant sous la raison sociale.

QUESTION VI.

La raison sociale peut-elle être suppléée par des équipollents ?

Tout engagement par écrit doit être signé par celui qui s'oblige ; or, puisque la raison sociale est la signature de la société, il en résulte qu'elle doit se trouver dans ses engagements. Cependant on s'est demandé depuis fort longtemps si cette raison sociale était sacramentelle et ne pouvait pas être remplacée par des expressions équipollentes, ou même par des circonstances graves et précises, comme par exemple si le gérant, au lieu de signer la raison sociale a exprimé formellement dans l'acte qu'il agissait comme *chef de la société*, qu'il *traitait pour la société*, qu'il faisait réparer *des immeubles sociaux :* Casaregis s'est expliqué depuis longtemps sur ce point difficile, et voici son opinion qui a été adoptée et consacrée par plusieurs arrêts dans la Jurisprudence ancienne et moderne : *Pro regulâ notandum est, quod consocii numquam tenentur ex contractibus alterius socii nisi in contrahendo expressum fuerit* NOMEN SOCIALE, *vel saltem ex facti circumstantiis, aut subjectâ materiâ, illud argui potuerit.*

QUESTION VII.

La société est-elle obligée par la signature sociale reçue abusivement ?

Il est souvent arrivé que des gérants ont disposé de la signature sociale pour éteindre leurs propres dettes, en donnant en échange des engagements sociaux. Or, le créancier personnel d'un associé ne pouvant ignorer qu'une dette particulière du gérant et une dette sociale sont deux choses essentiellement différentes, on en a conclu que le créancier ne pouvait être de bonne foi, en acceptant une pareille novation, et que dès lors son action pouvait être repoussée par une exception de dol ou mauvaise foi : ce point en Jurisprudence est fort délicat et fort controversé entre les auteurs. La Cour de cassation, par un arrêt du 11 mai 1838, a jugé que l'associé qui a la signature sociale, en peut disposer à l'égard des tiers, *pour éteindre ses propres dettes*, sauf à en tenir compte à ses associés, qui doivent s'imputer d'avoir mal placé leur confiance. Mais Pothier, n° 101, enseigne que si, par la qualité du contrat que j'ai fait avec une personne qui était en société de commerce avec d'autres, il paraissait que l'*objet* du contrat ne concernait pas les affaires de la société : comme si ce contrat était un marché pour des ouvrages à faire à une maison que la personne possédait hors de la société, quoiqu'elle ait signé à ce marché *et compagnie*, cette dette ne sera pas pour cela réputée une dette de société, paraissant par ce qui en faisait l'objet, qu'elle ne concerne pas les affaires de la société.

QUESTION VIII.

Dans quel cas peut-on intenter contre la société l'action *de re in rem verso ?*

Lorsque l'un des associés a contracté en son nom personnel, quoique le contrat ait tourné au profit de la société, celui qui a contracté avec cet associé n'aura pas pour cela d'action contre les autres associés, car selon les principes du droit, un créancier n'a d'action que contre celui avec qui il a contracté, et non contre ceux qui ont profité du contrat : *personam contrahentium non egrediuntur contractus.* Le créancier n'a à l'égard des autres associés que la voie de saisir entre leurs mains ce qu'ils doivent à son débiteur à raison de cette affaire.

Quand l'obligation a été contractée pour le compte de la société par un associé sans pouvoir qui a exprimé qu'il contractait, tant en son nom qu'au nom de la société, le Code civil, art. 1864, d'après Pothier, décide que le créancier aura action contre la société, dans le cas où les autres associés auraient donné pouvoir, ce qui va sans dire, *ou lorsque la chose aurait tourné au profit de la société.*

Le recours du créancier en pareil cas est précisément ce que l'on appelait dans le droit romain l'action *de in rem verso.* C'est au créancier à prouver le *quantum* du profit qu'a perçu la société et qui détermine la limite de sa réclamation : comme les associés ne sont tenus à l'égard du créancier qu'en raison du profit perçu, qui est proportionnel aux mises, art. 1853, ils ne doivent indemniser le créancier que dans cette proportion et non point par portions égales ou viriles comme doivent être acquittées ordinairement les dettes sociales, art. 1863 C. civ.

QUESTION IX.

Qu'est-ce que la société en commandite ?

La société *en commandite* peut être définie : la société formée sous une raison sociale entre deux ou plusieurs personnes, dont l'une au moins, ou plusieurs solidairement responsables, tandis que les autres ne sont tenus que jusqu'à concurrence de leurs mises.

Les conséquences graves et rigoureuses de la solidarité générale qui pèse sur tous les membres de la société en nom collectif, ont fait adopter depuis longtemps la société en commandite qui, ne faisant porter cette solidarité que sur certains associés, donne à tous les autres le moyen de proportionner leur responsabilité à la quotité de leurs mises. Il n'est sans doute que trop facile d'anéantir presque entièrement la garantie résultant de la solidarité, en ne la faisant peser que sur un associé plus ou moins solvable, mais cela ne fait pas que le principe sur lequel est fondée la commandite ne soit très ingénieux, malgré les abus qu'on en a fait ; et la difficulté de les réprimer n'est pas moins grande que celle de remplacer la commandite par une combinaison qui en présente les avantages sans en avoir les inconvénients.

QUESTION X.

Les commanditaires sont-ils obligés de rapporter les dividendes?

Le principe fondamental et caractéristique des sociétés en commandite, est que les commanditaires ne sont tenus de pertes que jusqu'à concurrence de leurs mises : mais il arrive le plus ordinairement que les associés pressés de jouir, n'attendent pas la fin de la société pour se partager les bénéfices, mais stipulent qu'ils leur seront versés annuellement ou même tous les six mois, c'est ce qu'on appelle des dividendes : quand ces partages anticipés ont été renouvelés souvent, il peut se faire que leur somme égale ou surpasse la mise : faut-il la laisser aux associés quand la faillite vient plus tard dissoudre la société et laisse les créanciers en face d'une solidarité illusoire et d'une caisse sociale vide ? Personne n'ignore que cette question divise depuis longtemps la Jurisprudence et les auteurs ; tous les principes du droit civil en matière de partage de société sont incontestablement pour le rapport des dividendes ; mais on ne peut nier que cette obligation ne doive avoir une très grande influence pour éloigner les capitalistes de ce genre de société, et cette haute considération a décidé la Cour suprême à en affranchir les associés ; peut-être que les abus dont on s'est plaint avec tant de vivacité feront prendre à la Jurisprudence une direction contraire : la crainte de rapporter les dividendes rendra naturellement les commanditaires plus circonspects dans ces anticipations anormales que l'on ne peut empêcher que par cet unique moyen.

QUESTION XI.

Les créanciers ont-ils une action directe contre les commanditaires, à raison de leurs mises ?

Tant que le gérant de la société en commandite fait honneur aux engagements sociaux, il est inutile d'examiner si les créanciers peuvent actionner les commanditaires ; que leur importe en effet de savoir s'ils ont rempli leurs engagements, puisque le gérant responsable acquitte les dettes sociales. Mais quand la société cesse ses paiements, les choses prennent un autre aspect, et l'on n'a plus pour éconduire les créanciers non payés la raison péremptoire de l'hypothèse précédente. La société en commandite n'a pas fait naître de question plus controversée : de graves autorités et des arrêts ont décidé que l'action directe devait être refusée aux créanciers de la société, et qu'ils ne pouvaient agir directement que contre le gérant, ou comme subrogés à ses droits, contre les commanditaires qui n'avaient pas versé leurs mises. Il est vrai que dans l'ancienne Jurisprudence, la commandite n'ayant pas de raison sociale, les créanciers ne pouvaient connaître que le gérant, et par suite, ne devaient s'attendre qu'aux garanties résultant de ses engagements personnels. Mais le Code de commerce, par une grande innovation, ayant doté la société

en commandite d'une raison sociale, les créanciers qui ont pris des engagements revêtus du nom social, ont dû croire que tous les associés étaient
obligés à l'acquittement des engagements sociaux, dans les limites déterminées
par la loi sur les sociétés en commandite. L'argument qu'on a voulu tirer des
mots *simple bailleur* de fonds, dont le législateur s'est improprement servi
dans les art. 23 et 26, pour soutenir que les commanditaires ne sont pas
des associés, est véritablement dénué de toute gravité.

QUESTION XII.

Pourquoi un commanditaire ne peut-il gérer ou administrer la
société ?

La responsabilité du commanditaire étant limitée à sa mise, le législateur
a craint qu'enhardi par cette considération, il ne se lançât témérairement dans
des entreprises qui ne l'exposeraient en cas de malheur qu'à des pertes de mises
dont la quotité peut être insignifiante : l'infraction à cette règle entraîne la
solidarité, mais on peut croire que la loi en défendant expressément tout acte
de gestion ou administration, n'ait entendu exclure des sociétés en commandite les hommes laborieux dont la mise ne peut consister qu'en travail ou
industrie ; il ne me paraît pas, quoique la question soit très controversée, que
le commis aux écritures, l'employé des bureaux, le mécanicien, etc., puissent
être regardés comme s'immisçant dans l'administration, et par suite, solidaires
en travaillant pour la société dont ils sont commanditaires ; ce n'est point là ce
que la loi a voulu interdire, quoique le sens grammatical et rigoureux ne se
prête que trop à de nombreuses difficultés.

QUESTION XIII.

Le capital d'une société en commandite, peut-il être divisé en
actions *au porteur ?*

Il arrive souvent que lors de la formation des sociétés civiles et surtout commerciales, les associés conviennent que le capital sera divisé en actions. Cette
combinaison fort simple consiste à partager le fonds social en un certain nombre

4

de fractions égales, qui, ajoutées ensemble, donnent le total de ce même fonds.

La forme des actions n'a rien de sacramentel, tantôt elles sont nominatives, tantôt au porteur : ces dernières se transmettent par la simple tradition du titre ; les actions nominatives, c'est-à-dire qui mentionnent expressément les noms et prénoms de l'actionnaire, se transmettent par la voie des transferts constatés sur des registres.

Le Code de commerce permet formellement, art. 34, la division du capital dans les sociétés anonymes en actions nominatives ou au porteur ; mais dans l'art. 38, relatif aux sociétés en commandite, le législateur s'est arrêté après avoir autorisé la division du capital en actions nominatives. Faut-il conclure de ce silence que dans les sociétés en commandite l'on doit prohiber la division du capital en actions au porteur ? Aucune question de droit commercial n'a été discutée avec plus de développements et de chaleur devant les tribunaux : au fonds pourtant, et indépendamment du silence de la loi également invoqué des deux côtés, on ne voit guère d'autre raison solide contre la division en actions au porteur, que l'inconvénient résultant de l'incognito qui donne aux commanditaires la facilité de s'immiscer impunément dans l'administration de la société au mépris des injonctions de la loi : deux arrêts de la Cour royale de Paris, du 7 février 1832 et 14 février 1833, ont tranché, probablement pour toujours, cette difficulté singulièrement exagérée par la controverse, et décidé que l'art. 38, ayant gardé le silence sur la division en actions au porteur, il n'appartenait pas au juge de créer lui-même des prohibitions, et que dès lors rien ne devait s'opposer à ce que ce mode de division fût adopté dans les sociétés en commandite, comme dans les sociétés anonymes.

QUESTION XIV.

L'obligation de payer la mise est-elle un acte de commerce ?

Les commanditaires, quoique membres d'une société de commerce, ne sont pas commerçants, c'est un point bien constant : c'est précisément pour éviter aux particuliers les conséquences de cette qualité relativement à la faillite, que la loi a introduit la commandite. Mais quand le commanditaire est débiteur de sa mise, c'est un point très controversé que de savoir si la dette est commerciale et entraîne la contrainte par corps : l'on a dit, pour soutenir que le paiement de la mise n'était pas une dette commerciale, que ce fait ne se trouvait pas énuméré dans les art. 632 et 633 du Code de com., qui limitent rigoureusement la série des actes commerciaux ; mais il faut prendre garde que la société en commandite elle-même n'est commerciale qu'autant que ses opérations rentrent dans le cadre de ces mêmes articles : or il semble que puisque la société est commerciale, les capitaux qui la composent, et par suite l'obligation de les payer, doivent être regardés comme une dette commerciale et en entraîner toutes les conséquences.

QUESTION XV.

Qu'est-ce que la société anonyme ?

La société *anonyme* peut être définie : Une société sans nom social, administrée par des mandataires, et dans laquelle *tous* les associés ne sont tenus que jusqu'à concurrence de leurs mises.

La définition montre tout de suite le caractère spécial de la société anonyme ; ainsi tandis que dans la société en nom collectif tous les associés sont tenus solidairement, dans la commandite quelques associés sont solidaires, les autres commanditaires ; dans la société anonyme au contraire, tous les associés, seraient-ils plusieurs milliers, comme cela arrive ordinairement, ne sont tous tenus indistinctement que jusqu'à concurrence de leurs mises dans la société.

La société anonyme, et c'est aussi un de ses caractères distinctifs, n'a point de nom social ou de raison sociale, et voilà pourquoi on l'appelle *anonyme* ; la raison sociale étant regardée comme le *nom* de la société, *nomen sociale*, comme disent les anciens auteurs.

La société anonyme n'ayant point de raison sociale, s'annonce au public par ce qu'on appelle une *dénomination ;* elle est tirée le plus souvent de l'objet de son commerce ; mais comme cela ne servirait point à la distinguer quand plusieurs sociétés exploitent la même industrie, la loi s'en rapporte aux associés pour le choix de cette dénomination.

QUESTION XVI.

Pourquoi l'autorisation du gouvernement est-elle exigée pour les sociétés anonymes ?

La responsabilité solidaire de tous les associés, ou au moins de quelques uns, a toujours été regardée comme absolument nécessaire pour faire jouir les sociétés en nom collectif et en commandite d'un certain crédit ; or, aucune espèce de solidarité ne pesant sur aucun des associés dans la société anonyme, le législateur a voulu suppléer à cette garantie par des précautions administratives, ayant pour but d'éviter que le public ne fût trompé par des annonces fallacieuses dont il a été et sera probablement toujours dupe, quoique puisse faire la loi ; en Angleterre toute société affranchissant les associés de la solidarité, doit être autorisée par un acte du parlement, c'est-à-dire une loi ; en France on s'est montré moins exigeant et avec raison, car l'autorité législative ne se trouvant réunie qu'une partie de l'année, il aurait fallu attendre plus ou moins longtemps si son intervention eût été nécessaire.

Le contrat de société anonyme, devant être soumis à l'examen spécial et minutieux du conseil d'État avant l'ordonnance d'autorisation, on a voulu aussi, par une disposition particulière à ces sociétés, que l'acte d'association fût rédigé d'une manière solennelle et authentique, c'est-à-dire par un notaire. Il va sans dire que jusqu'à l'ordonnance qui l'autorise, la société n'est qu'un simple projet entre les associés et à l'égard de tiers.

QUESTION XVII.

Les administrateurs d'une société anonyme sont-ils toujours révocables ?

Dans les sociétés en nom collectif et en commandite, la loi fait de la solidarité la condition essentielle de la gérance, et l'on en comprend facilement le motif ; mais dans la société anonyme, la solidarité ne pesant sur aucun des associés, il était fort indifférent qu'elle fût administrée par des associés ou par des tiers, pourvu que les gérants fussent revêtus de pouvoirs suffisants pour engager la société qu'ils administrent.

Les sociétés anonymes peuvent donc être administrées par des mandataires, associés ou non, salariés ou gratuits, à temps et révocables ; ce sont les dispositions du contrat de société et les règles du droit civil en matière de mandat, qui déterminent les obligations réciproques de la société, de ses mandataires et des tiers. Mais le mot *révocable* dont s'est servi l'art. 31, a fait naître des difficultés pour le concilier avec l'art. 1856 du Code civ., qui dispose en règle générale que l'associé chargé de l'administration par une clause spéciale du contrat de société n'en peut être dépouillé *sans cause légitime*. Les mandataires d'une société anonyme nommés ou non par le contrat, sont-ils toujours *révocables ad nutum*, ou faut-il dans le premier cas prouver contre eux *la cause légitime?* ce dernier parti me paraît préférable. La condition d'administrer a pu être la condition déterminante du contrat de la part des associés administrateurs ; les associés qui y ont consenti peuvent-ils *ad nutum*, et dès le lendemain, rendre illusoire cette clause du pacte social et argumenter de l'art. 31 pour anéantir une distinction qui est une règle fondamentale de tous les contrats de société en général.

QUESTION XVIII.

Comment se prennent les délibérations dans les sociétés anonymes?

Les sociétés anonymes se composant ordinairement d'un grand nombre de personnes, on règle par le contrat la manière dont elles seront administrées, et comment il sera procédé aux délibérations sociales. L'instruction ministérielle du 22 octobre 1817, qui règle les formes des demandes en autorisation, prescrit formellement que les actes de société doivent énoncer l'affaire ou les affaires que l'on veut entreprendre, et *le mode d'administration ;* dans le silence des statuts sur ce point, c'est à la majorité absolue des suffrages recueillis dans une assemblée générale, que doivent être prises les décisions que réclament les intérêts communs de la société : mais la majorité ne peut porter aucune atteinte aux conditions constitutives du contrat de société, l'unanimité n'aurait pas même ce pouvoir, car ce serait vainement que l'on aurait exigé l'approbation de l'autorité administrative, si, après l'avoir obtenue, les associés pouvaient changer ou modifier à leur gré leurs conventions sociales.

QUESTION XIX.

Qu'est-ce que la société en participation ?

L'ord. de 1673 pour le commerce, avait gardé le silence sur les sociétés en participation ; le législateur moderne, art. 48, a voulu les définir, mais il l'a fait d'une manière si imparfaite, qu'il en est résulté mille difficultés dans la pratique : il est inutile de s'attacher à démontrer les vices que présente l'art. 48, ils ne sont que trop évidents, et deux arrêts de la Cour de cassation du 7 décembre 1830 et 8 janvier 1840, rendent cette tâche inutile. La Cour suprême ayant consacré nonobstant cet article : « qu'en l'absence *de définitions* » *légales*, la question de savoir si une association commerciale constitue une » simple participation ou une société collective, est une question de fait, et » que sa solution appartient exclusivement aux Cours royales. » On ne pouvait anéantir plus complètement la définition de la loi : mais comme le disait Catherine de Médicis à Henri III, après l'assassinat du duc de Guise, *ce n'est pas tout de tailler, il faut coudre* : or le renvoi aux tribunaux laisse le problème dans le même état qu'auparavant, et les arrêts ainsi que la doctrine sont plus incertains que jamais. — La difficulté de combiner brièvement comme l'exige une définition, tous les éléments variés que comporte une société en participation, s'opposera peut-être toujours à une bonne définition classique ; en attendant, on se contente d'en donner l'idée par des exemples : un navire arrive à Bordeaux, un négociant de ce port écrit à son correspondant de Bayonne et lui propose d'acheter la cargaison de compte à demi, ou pour un tiers, un quart, etc., si le correspondant de Bayonne accepte la proposition ; voilà une société en participation. — Deux marchands vont ensemble à une foire, et pour ne pas se nuire par la concurrence ils conviennent de faire tous leurs achats en commun pour les partager ensuite ; voilà encore une société en participation.

QUESTION XX.

Quels sont les droits des créanciers dans la société en participation ?

Le Code, après avoir donné la définition si imparfaite de la société en participation, a gardé le plus complet silence sur les obligations respectives des associés entre eux et à l'égard de leurs créanciers : la société en participation résultant le plus souvent de conventions verbales ou de la correspondance, son existence est inconnue du public, aussi n'a-t-elle pas de raison sociale et voilà pourquoi dans l'ancienne jurisprudence on la regardait comme une société anonyme : or, d'après le principe que pour avoir action contre quelqu'un il faut avoir contracté avec lui *personam contrahentium non egrediuntur contractus*, il en résulte clairement que ceux qui ont traité avec l'un des participants ne peuvent avoir action que contre lui, la société est pour eux *res inter alios acta*, et ils ne peuvent avoir d'action directe contre la société *quand bien même elle aurait profité de l'acte.* L'art. 1864 du Code civil n'autorisant l'action *de in rem verso*, que dans le cas où l'obligation a été contractée *pour le compte* de la société, *nomine sociali.* Quand le participant a traité *proprio nomine*, on n'a pu et dû compter que sur sa seule garantie : jamais un créancier n'a eu le droit de poursuivre des tiers sous le prétexte qu'ils ont profité des choses prêtées au débiteur ; tout ce qu'il peut faire, c'est d'exercer ses droits à l'égard de ses redevables, sans s'occuper du point de savoir s'ils le sont à l'occasion des choses primitivement prêtées ou par tout autre motif.

QUESTION XXI.

La solidarité a-t-elle lieu contre les participants qui ont contracté en commun ?

Les engagements pris par chaque participant lui étant personnels, il est clair que ses associés n'étant tenus à rien, il n'y a lieu ni à solidarité ni à divisibilité à leur égard ; mais lorsque les participants ont contracté en commun, c'est une question fort controversée que celle de savoir si leur obligation en pareil cas est solidaire ou divisible : de droit commun, quand plusieurs personnes s'engagent, l'obligation se divise entre elles, à moins qu'elle ne soit indivisible, ou que la solidarité passive ne soit formellement stipulée. Dans le silence absolu du Code de commerce, exigera-t-on, pour que la solidarité ait lieu, la stipulation formelle dont parle le Code civil, art. 1202 ? Des autorités graves l'ont pensé; je croirais néanmoins que le système contraire, unanimement consacré dans l'ancienne jurisprudence et fort souvent suivi dans la moderne, doit être préféré; et que les participants sont tenus solidairement des obligations contractées et des billets souscrits en commun pour les affaires de la société.

QUESTION XXII.

Les créanciers sociaux ont-ils un privilége exclusif sur l'actif social de la participation ?

Les sociétés en participation étant inconnues du public, et les tiers qui contractent avec les associés n'ayant pour débiteur que l'associé avec lequel ils ont contracté, il semblerait qu'ils ne peuvent réclamer un privilége sur un actif social qui leur est inconnu en cette qualité, ainsi que la société elle-même, et qu'étant créanciers personnels eux-mêmes, ils doivent subir la loi commune comme tous les autres créanciers de chaque associé : cependant la question est vivement controversée. Des autorités graves ont voulu voir dans les sociétés en participation, comme dans les autres, un être moral ayant un patrimoine distinct des biens personnels des associés, et par suite, attribuer sur ce patrimoine un privilége exclusif aux créanciers sociaux, au détriment des autres créanciers; mais la Cour de cassation a formellement rejeté ce système par deux arrêts du 1er juin 1834 et 19 mars 1838.

QUESTION XXIII.

Pourquoi a-t-on exigé la rédaction par écrit et la publication des contrats de société ?

La célèbre ordonnance de Moulins, de 1566, ayant introduit dans la Jurisprudence française, par son art. 54, le principe qui exclut la preuve testimoniale pour *toutes choses* excédant la valeur de cent livres, il en résultait que les actes de société devaient être rédigés par écrit : l'ordonnance de Henri III de 1579, connue sous le nom d'*Ordonnance de Blois*, prescrit par son art. 357, l'inscription et enregistrement sur les registres des bailliages de toutes les compagnies ja faites, ou qui se feraient entre *étrangers ;* à la demande des députés assemblés à Paris pour le rétablissement du commerce, Henri IV, par l'article 414 de l'ordonnance de 1629, connu vulgairement sous le nom de Code Michaud, généralisa la disposition de l'ordonnance de Blois, et prescrivit la publication de toutes sociétés entre marchands français ou étrangers. Enfin, l'ordonnance de 1673 pour le commerce, consacra par les art. 1 et 2 du titre des sociétés, la nécessité de l'acte par écrit et de la publication à *peine de nullité, tant entre les associés qu'avec leurs créanciers et ayant cause ;* mais cette nullité ne se prononçait pas dans la pratique.

Le Code de com., art. 39, 40, 41, a renouvelé ces anciennes dispositions; et il est facile de comprendre que les mêmes motifs qui font exclure la preuve testimoniale dans toute matière excédant 150 fr., Code civ., art. 1341, s'appliquent dans toute leur intensité aux conventions souvent si variées d'un contrat de société, où figurent ordinairement plusieurs contractants, et comme les stipulations sociales ont une grande influence sur la portée des engagements sociaux à l'égard des tiers, il était également indispensable qu'ils en fussent informés par la publication d'un extrait des contrats de société.

QUESTION XXIV.

Comment se publient les extraits des actes de société ?

Les contrats de société pouvant être fort longs, la loi pour éviter les frais se borne à exiger la publication de l'*extrait*, et le bon sens indique qu'il doit mentionner et ne doit mentionner que les clauses sociales qui peuvent intéresser le public ; telles que la raison sociale, les noms des associés solidaires, ceux des gérants, etc. Le législateur admet indifféremment, pour la preuve des sociétés en nom collectif ou en commandite, l'acte notarié ou sous seing privé, mais pour les sociétés anonymes l'acte notarié est indispensable.

L'extrait des actes de société doit être remis au greffe dans la quinzaine de leur date, et affiché pendant trois mois dans la salle des audiences : de plus, il doit être inséré dans le même délai de quinzaine dans un des journaux désignés, à cet effet, par l'autorité judiciaire.

L'obligation de publier à peine de nullité l'extrait des actes de société, a fait tirer la conséquence que l'acte par écrit en cette matière était exigé à titre de solennité, *et non ad probationem tantum*, comme l'enseigne Pothier ; car, dit-on, comment publier, afficher ou imprimer l'extrait d'un acte qui n'existe pas, et il faut bien convenir que cela est impossible : or, à quoi servirait d'admettre la preuve de l'existence de la société au moyen d'un aveu, du serment ou d'un commencement de preuve par écrit, puisque cette société une fois prouvée n'en serait pas moins nulle par suite de l'inexécution des formalités prescrites pour la publicité : or, *frustra probatur quod probatum non relevat*.

QUESTION XXV.

La nullité résultant du défaut de publicité est-elle d'ordre public ?

Aucun point de droit commercial n'a été plus controversé dans la Jurisprudence ancienne et moderne, que celui de savoir si les associés pouvaient eux-mêmes invoquer la nullité résultant du défaut de publicité.

L'ordonnance de 1673, art. 2, la prononçait formellement en faveur des associés eux-mêmes ; mais la Jurisprudence s'était refusée à en faire l'application, et cette pénalité était tombée en désuétude.

Les auteurs du Code de com., qui connaissaient fort bien les difficultés de notre ancien droit sur ce point et qui pouvaient si aisément les trancher, se sont bornés à reproduire les anciens textes en ne changeant guère qu'un seul mot qui rend encore la question plus compliquée.

La *publication* des actes sociaux n'a été exigée, comme l'indique le mot lui-même, que pour informer le public des clauses qui peuvent l'intéresser ; il est difficile de voir de quelle utilité elle peut être pour les associés eux-mêmes, qui, ayant signé l'acte, n'ont pas certainement besoin pour en connaître la teneur d'en lire l'extrait au greffe ou dans les journaux ; de plus, comme l'obligation de pourvoir à la publication de l'extrait est imposée à tous les associés, il est pour le moins singulier d'autoriser un associé à se faire un moyen de nullité d'une omission qui lui est commune avec tous les autres. Malgré ces raisons dont la gravité fait hésiter encore les auteurs et la Jurisprudence, le système d'une nullité absolue, c'est-à-dire pouvant toujours être invoquée par toute partie intéressée, tiers ou associés, sans aucune distinction, paraît devoir l'emporter et faire prévaloir la doctrine consacrée par un arrêt de la Cour de cassation du 30 janvier 1839 : « Que la formalité de l'enregistrement étant » d'*ordre public*, il devient inutile d'examiner si le défendeur éventuel a ou non » exécuté l'acte de société. »

QUESTION XXVI.

Quels sont les effets de la nullité résultant du défaut de publicité ?

La conséquence nécessaire de la nullité de l'acte social, est de placer les associés dans une communauté d'intérêts qui se terminera par le partage : relativement aux tiers, comme on ne saurait leur imputer l'inobservation des formalités prescrites, il est clair qu'ils sont admis à prouver l'existence de la société par tous les moyens en leur pouvoir. Néanmoins si les créanciers sociaux, après avoir prouvé l'existence de la société contre les associés, voulaient réclamer un privilége sur l'actif social au détriment des créanciers personnels, leur prétention ne pourrait être admise ; car ces derniers n'ayant aucune connaissance de l'existence de la société, n'ont pu s'attendre à une pareille séparation des patrimoines : ce n'est point à eux que la loi impose l'obligation de pourvoir à la publication des actes, et c'est seulement aux *associés* que la loi défend d'opposer la nullité résultant de l'inexécution de la loi.

DE LA DISSOLUTION DES SOCIÉTÉS ET DE LA LIQUIDATION.

QUESTION Ire.

De combien de manières finissent les sociétés ?

Les sociétés civiles ou commerciales finissent de cinq manières : 1° par l'expiration du temps ; 2° par l'extinction de la chose, ou la consommation de l'affaire ; 3° par la mort naturelle ; 4° par la mort civile, interdiction ou déconfiture ; 5° par la volonté d'un ou plusieurs associés.

Les deux premières causes de dissolution de société sont fondées sur des motifs fort simples ; il est évident que lorsque la société a été contractée pour un certain *temps limité*, elle doit finir de *plein droit* par l'expiration de ce temps, quand même l'affaire ne serait pas terminée, autrement cette première cause de dissolution rentrerait dans la seconde, *finito negotio.* — Lorsque la société a été contractée d'une certaine chose, il est évident que la société doit finir par l'extinction de cette chose. Par exemple, si deux voisins ont acheté un cheval en commun pour porter leurs denrées au marché, si le cheval vient à mourir, la société est finie ; *neque enim ejus rei quæ jam nulla sit quisquam socius est.* L. 63, ff. § 10, *Pro. soc.* — De même, lorsque deux marchands se sont associés pour acheter et vendre ensemble une certaine quantité de marchandises, la société sera terminée, *finito negotio*, c'est-à-dire lorsqu'ils les auront toutes vendues.

QUESTION II.

Quelle distinction faut-il établir quand le fonds social vient à périr ?

On vient de dire que la société finit *exstinctione rei*, et il est évident que lorsque le fonds social est réduit à rien, *si res nullæ relinquantur*, il ne peut plus y avoir de société. Mais il peut arriver que la perte au lieu d'être totale ne soit que partielle, et que la société ne puisse pas moins continuer malgré cet accident; il est clair, dans ce cas, que la société étant propriétaire du fonds social, la perte partielle est pour son compte *res perit domino*, et il n'y a point de dissolution.

Mais lorsque la société n'est pas des choses mêmes, mais seulement des fruits de ces choses ou du prix qui proviendra de la vente qui en sera faite, si ces choses dont la jouissance seule a été mise en commun, ou dont la vente devait être effectuée viennent à périr, la société sera dissoute; car étant de l'essence du contrat de société que chacun des associés y contribue, il ne peut plus y avoir de société lorsque l'un des associés n'a plus rien de quoi y contribuer. (Poth., n° 141). L'art. 1867 du Code civ. a été visiblement copié mot à mot dans ce § de Pothier; et il est clair, malgré toutes les controverses dont il a été l'objet, que le § 1er de cet article n'a trait qu'à une promesse d'apport *in futurum*, le prix des choses que l'on *devait* vendre comme le suppose Pothier, et non point à une chose conférée *hic et nunc* à la société, comme dans le 3e §. Il est bien vrai que les art. 711 et 1138 du Code civil n'exigent plus la tradition pour le transfert du droit de propriété; mais pour que ce principe soit applicable, il faut nécessairement que celui dont on veut que le droit de propriété passe à la société, soit lui-même propriétaire; or, cela n'a pas lieu dans l'espèce citée par Pothier qui a servi de base à l'art. 1867 : le mot *promis* dont s'est servi l'art. 1867 se combine mal, il faut en convenir, avec les principes du Code en matière de tradition, quand l'associé est propriétaire au moment du contrat de la chose dont il promet l'apport.

QUESTION III.

Pourquoi la société finit-elle par la mort naturelle ou civile, l'interdiction ou déconfiture d'un des associés?

Morte unius socii societas dissolvitur etsi consensu omnium coita sit, plures vero supersint ; nisi in coeunda societate aliter convenerit. L. 65, § 9, ff. *Pro soc.*

La raison est, que les qualités personnelles de chacun des associés entrent en considération dans le contrat de société. Je ne dois pas être obligé, lorsque l'un de nos associés est mort, de demeurer en société avec les autres, parce qu'il se peut faire que ce soit par la considération des qualités personnelles de

celui qui est mort, que j'ai voulu contracter société. — Le changement considé-
rable qu'apporte la mort civile, l'interdiction ou la faillite dans la position
d'un des associés, devait produire le même effet que la mort naturelle : *Dissociamur, morte, capitis diminutione, eyestate, bonis a creditoribus venditis unius
socii*, disaient les lois romaines. Quoique le principe *morte solvitur societas* soit
général, on pense avec raison qu'il est inapplicable dans les sociétés anonymes
qui sont plutôt une agrégation de capitaux qu'un choix de personnes : mais il
semble que dans les sociétés en commandite, la mort des gérants, au moins,
devrait mettre fin à la société.

QUESTION IV.

Peut-on stipuler qu'en cas de mort la société continuera avec les
héritiers ?

Le texte de la loi romaine qui établit le principe de la dissolution pour
cause de mort, excepte formellement le cas où il aurait été convenu qu'elle
continuerait entre les associés survivants, *nisi aliter convenerit*, et rien de
plus sage ; mais les jurisconsultes romains s'étaient demandé si l'on pouvait
stipuler que la société continuerait avec les héritiers de l'associé décédé, qui
seraient à son lieu et place dans la société : cette clause avait provoqué une
désapprobation fort énergique dans le droit romain : *Adeo morte unius socii
solvitur societas, ut nec ab initio pacisci possumus, ut hæres etiam succedat societati.* (L. 59, ff. *Pro soc.*) Malgré la précision des lois romaines, Pothier avait
regardé une pareille stipulation comme fort licite, et les auteurs du Code civil
ont encore préféré sur ce point l'opinion de Pothier à celle des jurisconsultes
romains, Code civ., art. 1869.

QUESTION V.

La renonciation d'un associé suffit-elle pour dissoudre toute
société ?

Il faut distinguer les sociétés en sociétés dont la *durée est illimitée*, et les
sociétés *à terme* ; ce n'est qu'à l'égard des premières qu'un associé, par une

simple renonciation, pourvu qu'elle soit faite *boná fide et tempestive*, peut demander la dissolution de la société, *dissociamur renuntiatione*. Les Romains avaient pensé, et on a suivi leurs principes, Code civ., art. 1869, 1870, 1871, que, malgré la maxime *morte solvitur societas*, il y avait des inconvénients à perpétuer les sociétés jusqu'à un pareil événement malgré la volonté de chaque associé, d'où la maxime *nulla societas in æternum i. e. dum vivunt.*

Dans les sociétés à terme ou pour un temps limité, les associés en convenant du temps que la société doit durer, sont censés être convenus de ne la dissoudre qu'après l'expiration de ce temps, à moins qu'il ne leur survienne quelque juste sujet de la dissoudre plus tôt. C'est pourquoi l'un d'eux ne peut *sans un juste sujet*, dissoudre la société avant le temps au préjudice de ses associés : *Qui societatem in tempus coit, is ante tempus renuntiando, socium à se non se à socio liberat.*

La loi s'en rapporte à l'arbitrage des juges pour apprécier la gravité des motifs allégués par l'associé qui demande la dissolution, et c'est seulement comme exemple qu'elle signale le manque aux engagements, l'infirmité habituelle, *aut si ita injuriosus aut damnosus sit socius ut non expediat eum pati.* (L. 14, ff. *Pro soc.*)

QUESTION VI.

Quels sont les principaux effets de la dissolution des sociétés ?

Le premier effet de la dissolution d'une société est que, désormais et à l'avenir, tous les contrats que chacun des ci-devant associés fera, seront pour son compte seul, à moins qu'ils ne fussent une suite nécessaire des affaires de la société : *Hæres socii, quamvis socius non est, tamen ea quæ per defunctum inchoata sunt, per hæredem explicari debent.* (L. 40, ff. *Pro soc.*)

La dissolution de la société place les associés en communauté d'intérêts jusqu'au partage, et chacun d'eux peut le demander par l'action personnelle *pro socio*, ou par l'action mixte *communi dividundo* à son choix ; du moins telle est l'opinion de Pothier, n° 161 ; car il faut convenir que les textes du droit romain prêtent singulièrement à la controverse, qui n'a pas fait défaut.

Le partage doit s'effectuer d'après les règles ordinaires sur cette matière, et

le Code pour éviter les répétitions s'est borné, art. 1872 , à renvoyer purement
et simplement aux principes qui régissent le partage des successions.

Les créances de la société étant divisées de plein droit entre les associés ,
nomina ipso jure dividuntur , n'ont pas en conséquence besoin de partage ;
néanmoins, comme ce serait une chose trop embarrassante que chacun des
ci-devant associés se fit payer de sa part par chacun de tous les débiteurs de la
société, on a coutume de lotir celles qui sont dues par de bons débiteurs, de
même que les autres effets de la communauté.

QUESTION VII.

A quelle époque remonte l'effet déclaratif du partage en matière de
société ?

L'effet du partage est de dissoudre la communauté qui était demeurée entre
les ci-devant associés , après la dissolution de la société. Mais l'effet rétroactif
qui a lieu en matière de partage , a fait élever la question de savoir s'il
fallait remonter à la *formation*, ou seulement à la *dissolution* de la société. Dans
le droit romain , le partage était *attributif* de la propriété des objets partagés
divisio instar permutationis obtinet, et chacun des copartageants était censé acqué-
rir des autres les parts qu'ils avaient avant le partage dans les effets compris
dans son lot, et leur céder à la place celle qu'il avait, avant le partage, dans les
effets compris dans le leur. Telle est bien, effectivement, la réalité des choses ;
mais ce système présentait le très grand inconvénient de faire peser sur chaque
lot les charges dont il avait pu être grevé pendant l'indivision ; pour remédier à
ces embarras, on imagina dans le seizième siècle la fiction de l'effet rétroactif
des partages, au moment de l'ouverture de la succession, et par suite, la propriété en commun étant effacée, le partage ne faisait que *déclarer* la part de
chaque copartageant, qui, par cet expédient, lui arrivait franche et quitte de
toute charge, aucun d'eux n'ayant pu en établir sur un objet qui ne lui avait
jamais appartenu. Malgré l'opposition de Dumoulin et de Dargentré, à l'introduction d'une fiction aussi hardie, la simplification qu'elle apportait dans les
partages la firent prévaloir, et c'est depuis longtemps un principe élémentaire
de notre Jurisprudence : mais a-t-on dit, puisque l'effet *déclaratif* des parta-

ges n'a été introduit que pour éviter les charges, dont les communistes pourraient grever les objets à partager; quelle nécessité y a-t-il de faire remonter l'effet déclaratif jusqu'au moment de la formation de la société, puisque pendant sa durée c'est la société, être moral, qui est propriétaire, et non point les associés, qui par conséquent ne peuvent personnellement grever les objets sociaux. De plus, l'effet rétroactif n'est pas possible à l'égard de la société ; car il est indubitable que tous les biens sociaux demeurent grevés des charges imposées par la société, et ne passent entre les mains des copartageants qu'avec toutes ces charges. Malgré la force incontestable de ces objections, l'opinion générale paraît être que l'effet déclaratif du partage entre associés, doit remonter à l'époque de la *formation* de la société, et non pas seulement à l'époque de sa *dissolution*.

QUESTION VIII.

Quels sont les pouvoirs du liquidateur d'une société ?

Liquider une société c'est, comme le terme l'indique, parvenir à dégager l'actif de toutes les charges dont il peut être grevé ; c'est réduire en argent clair et net toutes les valeurs sociales, en recouvrant les créances, payant les dettes, et procédant à la vente des marchandises et autres biens destinés à être vendus.

Les associés n'ayant pas tous la volonté ou la capacité nécessaire pour liquider la société, ils peuvent à leur choix, nommer qui bon leur semblera, pour y procéder et déterminer les pouvoirs qu'ils veulent confier à leur liquidateur : leur silence à cet égard indique qu'ils entendent limiter les droits du liquidateur dans le cercle des opérations nécessaires pour accomplir sa mission : il est mandataire pour *liquider*, et ce terme indique avec une rare énergie, qu'il ne peut ni transiger, ni compromettre, ni emprunter, ni aliéner les immeubles, ni hypothéquer ; car tout cela dépasse le pouvoir d'un mandataire général.

QUESTION IX.

Quelle prescription peuvent invoquer les associés non liquidateurs ?

La loi a établi, en faveur des associés non liquidateurs, une prescription

6

de cinq ans ; on n'a pas voulu que les associés fussent exposés pendant trente ans aux poursuites des créanciers sociaux : en nommant un liquidateur, ils ont remis entre ses mains tous les livres, titres, papiers et valeurs de la société, ils auraient été sans défense contre les réclamations qui leur seraient adressées : cette prescription est donc fort sage, quoique nouvelle et introduite avec beaucoup de difficulté. Les motifs qui militaient en faveur des associés ne pouvant être invoqués par les liquidateurs, ceux-ci ne peuvent se placer que sous l'égide du droit commun en matière de prescription, et il me paraît résulter du mot *toutes* actions employé par la loi, que le liquidateur actionné après les cinq ans ne pourrait exercer un recours contre ses associés ; car un pareil système réduirait presque à rien la sécurité que la loi veut donner aux associés non liquidateurs.

QUESTION X.

Comment se jugent les contestations entre associés ?

La loi voulant éviter aux associés les lenteurs, les frais et la publicité des débats judiciaires, leur a imposé l'obligation de se faire juger par des arbitres ; voilà pourquoi cet arbitrage est appelé *forcé :* la volonté du législateur aurait été facilement éludée, si la nomination des arbitres eut toujours dépendu du choix des associés ; on y a pourvu en autorisant le tribunal à nommer des arbitres pour ceux qui feraient refus d'en nommer. L'arbitrage forcé ne différant essentiellement de l'arbitrage volontaire que parce que l'un émane de la loi, tandis que l'autre a son principe dans la volonté des parties, il était inutile de répéter dans le Code de com. toutes les règles relatives aux arbitrages ; elles s'appliquent aux arbitrages forcés, sauf quelques modifications que la source d'où découle la juridiction fait découvrir sans peine.

CODE DE COMMERCE.

TITRE VIII.

DE LA LETTRE DE CHANGE.

QUESTION Ire.

Comment définit-on le contrat et la lettre de change ?

Pothier définit le contrat de change , un contrat par lequel je vous donne ou je m'oblige à vous donner une certaine somme en un certain lieu , pour et en échange d'une somme d'argent que vous vous obligez de me faire compter dans un autre lieu.

Ce contrat s'exécute par le moyen de la lettre de change. On peut définir la lettre de change : une lettre revêtue d'une certaine forme prescrite par les lois, par laquelle vous mandez au correspondant que vous avez dans un certain lieu, de m'y compter , ou à celui qui aura mon ordre , une certaine somme d'argent , en échange d'une somme d'argent ou de la valeur que vous avez reçue ici de moi , ou réellement ou en compte.

Il ne faut pas confondre la lettre de change avec le contrat de change ; la lettre de change appartient à l'exécution du contrat de change , elle est le moyen par lequel ce contrat s'exécute, elle le suppose et l'établit ; mais elle n'est pas le contrat même.

QUESTION II.

Quelles sont les choses *essentielles* à la lettre de change ?

Il y a trois choses principalement qui constituent l'*essence* de la lettre de change :

1° Il faut qu'il y soit fait mention de trois personnes , de celle qui tire la lettre que l'on appelle *tractans*, *trahens*, *campsarius* ou tireur ; de celle sur qui elle est tirée, qui s'appelle *acceptans* ou accepteur quand il l'a acceptée, et de celle à qui elle est payable, on l'appelle *remittens*, *campsor*, donneur de valeur ou preneur.

2° Il faut qu'il y ait remise d'un lieu à un autre, c'est-à-dire qu'on donne dans un lieu pour recevoir dans un autre lieu ; cette remise d'un lieu à un autre étant ce qui constitue l'essence du contrat de change dont la lettre de change est l'exécution.

3° Il faut que la lettre de change soit revêtue des formes prescrites par la loi.

QUESTION III.

Quelles énonciations doit renfermer la lettre de change.

La lettre de changement doit être *datée* et énoncer la *somme à payer*, *le nom de celui qui doit payer*, *l'époque et le lieu du paiement*, *et en quoi la valeur a été fournie*.

Il est évident qu'il faut que la lettre de change exprime la somme à payer, et le nom de celui qui doit effectuer le paiement ; mais la loi veut de plus que la lettre énonce l'*époque* et le *lieu* du paiement ; car le porteur devant, à peine de déchéance, demander le paiement le jour même de l'échéance, il faut bien qu'il soit exprimé dans la lettre, ainsi que le lieu où se trouve la personne à laquelle le paiement doit être demandé : faute de renfermer cette double énonciation, la lettre de change ne serait qu'un simple billet qui autoriserait le porteur à répéter du tireur la valeur qui a été fournie, mais qui ne produirait aucun des effets d'une véritable lettre de change.

QUESTION IV.

Pourquoi doit-on déclarer *en quoi* la valeur a été fournie ?

Jusqu'à l'ordonnance de 1673 pour le commerce, on n'exigeait pas que la lettre de change énonçât en quoi la valeur avait été fournie, on se contentait de mettre *valeur reçue*, sans exprimer en quoi consistait cette valeur. Savary s'était élevé avec beaucoup de force contre cette habitude commerciale, et la rédaction de l'ordonnance de 1673 lui ayant été confiée, il fit consacrer dans l'art. 1ᵉʳ l'obligation d'exprimer *en quoi* la valeur avait été fournie : quoique Savary se fût peut-être exagéré les inconvénients qu'il signalait, et que cette innovation n'ait été guère goûtée de son temps ni du nôtre, les législateurs ont adopté la règle de l'ordonnance *ipsis terminis :* et il est de Jurisprudence bien constante, que faute d'exprimer *en quoi* la valeur a été fournie, la lettre de change dégénère en un simple billet qui ne produit aucun des effets d'une véritable lettre de change. La loi a voulu, dit Pothier, empêcher les fraudes des banqueroutiers, qui ayant des lettres de change qui portaient simplement *valeur reçue,* sans exprimer en quoi et dont ils n'avaient fourni d'autre valeur que leur billet, passaient des ordres la veille de leur banqueroute à des personnes supposées pour le recevoir sous leur nom et faisant perdre la valeur à ceux qui leur avaient fourni ces lettres.

Il faut observer que si la loi exige, d'une manière absolue, que la lettre exprime *en quoi* la valeur a été fournie, elle est très facile à satisfaire dans l'admission des choses constitutives de cette valeur; ainsi des espèces, des marchandises, des comptes, ou tout autre objet peuvent être donnés en échange de la lettre à la seule condition de les y mentionner formellement.

QUESTION V.

Le tireur peut-il se désigner lui-même comme tiré?

La loi exige formellement, § 5, que la lettre de change exprime *le nom de celui qui doit la payer :* mais il est souvent arrivé, et la facilité de voyager fera se présenter plus souvent encore, le cas où le tireur doit se rendre lui-même dans les lieux où ses lettres sont payables; aura-t-il besoin de désigner une tierce personne pour effectuer ce paiement, ou pourra-t-il se désigner lui-même? Aucune question n'a été plus controversée dans la Jurisprudence ancienne et moderne. Tous les anciens auteurs ont enseigné d'une voix presqu'unanime, qu'il était de l'essence d'une lettre, qu'il y fût fait mention de *trois* personnes *au moins :* le tireur, le preneur, le tiré. Or, si le tireur est en même temps le tiré, il est clair qu'il n'y a réellement que deux personnes, le tireur et le preneur : cet argument a paru décisif, et a déterminé plusieurs arrêts; le texte de la loi prête à l'équivoque. — Le contrat qui a lieu entre le tireur et le tiré, n'étant qu'un mandat *pecuniæ solvendæ*, il est difficile de voir pourquoi on obligerait le tireur à désigner un mandataire pour faire une chose qu'il peut fort bien accomplir lui-même. Le tireur, en se désignant lui-même comme tiré, prive le preneur de l'avantage de l'acceptation ; cela est vrai ; mais il est facile de voir que le preneur ne saurait s'en plaindre, puisqu'il a reçu la lettre avec cette indication. Il y a ordinairement, dit Domat, l. 1ᵉʳ, ch. 16, sec. 4, *trois* personnes dans le commerce des lettres de change ; mais il pourrait se faire qu'il n'y en aurait que *deux*, celui qui donne de l'argent, et celui qui le recevant en un lieu, le délivrerait *lui-même* en autre lieu à celui qui l'aurait donné à cette condition.

QUESTION VI.

La lettre peut-elle être à l'ordre du tireur lui-même ?

Il peut arriver qu'une personne qui voudrait tirer des lettres de change sur ses débiteurs, ne trouve point dans le moment à placer ce papier faute de demande. La loi, pour donner moyen au tireur de sortir d'embarras, l'autorise à tirer *à son propre ordre ;* ces lettres ainsi tirées, seront envoyées à *l'acceptation*, et une fois qu'elles en seront revêtues, le tireur, sûr de l'engagement de ses débiteurs, les remettra dans son portefeuille, en attendant qu'il puisse les négocier. Il est clair que jusqu'à ce moment, nul ne pouvant contracter avec lui-même, il n'y a que deux contractants, le tireur et l'accepteur ; ce n'est que par la cession que le tireur fera de ces lettres, qu'il y aura véritablement contrat de change entre lui et le cessionnaire ; et dès lors, il faut pour qu'il y ait remise de place en place, que l'endossement soit nécessairement effectué dans un lieu autre que celui où la lettre de change est payable.

QUESTION VII.

Quel est le contrat qui a lieu entre le tireur et le donneur de valeur ?

Le principal contrat qui intervient dans la négociation des lettres de change et qui donne lieu à toute cette négociation, est celui qui intervient entre le tireur qui fournit la lettre et le donneur de valeur à qui elle est fournie : ce contrat est le contrat de change; par ce contrat, le donneur de valeur échange ce qu'il donne *ici*, ou ce qu'il promet de donner *ici* au tireur, contre l'argent que le tireur s'oblige de lui faire compter dans un autre lieu, par le moyen d'une lettre de change sur ce lieu, qu'il lui fournit ou qu'il s'oblige de lui fournir.

Les auteurs sont divisés sur la nature du contrat de change : les uns le regardent comme un *contrat de vente;* Pothier estime plus plausible l'opinion de ceux qui le regardent comme un *contrat d'échange :* ce point de droit qui a une très grande importance pratique était fort controversé dans l'ancienne Jurisprudence, et malheureusement l'art. 116 du Code de com. est encore venu compliquer la difficulté et la rendre, pour ainsi dire, tout-à-fait insoluble.

QUESTION VIII.

Qu'est-ce que le droit de change?

Pothier a expliqué avec une clarté parfaite ce qu'il faut entendre par *droit de change* et ce qui en occasionne les variations : pour savoir ce que c'est que le droit de change qui se paie aux banquiers, il faut savoir que dans les villes de commerce, les lettres de change sur une certaine ville gagnent quelquefois sur l'argent, et quelquefois c'est l'argent qui gagne sur les lettres de change.

Cette différence du prix de l'argent et des lettres de change vient de l'abondance ou de la rareté des *remises* ou des *traites;* (on appelle *remises*, les lettres de change envoyées par un débiteur à ses créanciers, et *traites*, les lettres de change tirées par un créancier sur ses débiteurs) : par exemple, si à Lyon, dans le temps que la négociation se fait, les négociants de Lyon ont beaucoup d'argent à remettre à Marseille à leurs correspondants, et peu à en tirer, en ce cas, il y aura beaucoup plus de personnes qui chercheront à troquer leur argent contre des lettres de change sur Marseille, qu'il n'y en aura qui demanderont à troquer leurs lettres de change sur Marseille pour de l'argent; par conséquent, le besoin des lettres de change sur Marseille étant plus grand que celui de l'argent, les lettres de change gagneront quelque chose sur l'argent, peut-être un ou demi pour cent; et pour avoir une lettre de change de mille livres sur Marseille, il faudra donner au banquier qui nous la fournit mille dix livres ou mille cinq livres suivant le cours de la place. Au contraire, si au temps de la négociation les négociants de Lyon ont peu d'argent à remettre à Marseille et beaucoup à en tirer, il y aura beaucoup plus de personnes qui chercheront à troquer leurs lettres de change sur Marseille pour de l'argent, qu'il n'y en aura qui demanderont à troquer leur argent contre des lettres de change sur Marseille : c'est pourquoi, en ce cas, l'argent devra gagner sur les lettres, et le banquier qui me donnera de l'argent pour une lettre de change sur Marseille que je lui donnerai, retiendra pour le droit de change un ou deux pour cent suivant le cours de la place.

<h2 style="text-align:center">QUESTION IX.</h2>

Quelle est la nature du droit de change?

Le droit de change que le banquier retient n'est pas un intérêt de l'argent qu'il me compte, mais une espèce de soulte ou retour, de ce qu'au temps de la négociation, suivant le cours de la place, l'argent vaut de plus que les lettres de change sur Marseille : s'il exigeait de moi un droit de change plus fort que le cours de la place, il commettrait une injustice qui ne serait pas proprement une usure, l'usure ne pouvant se commettre que dans le contrat de prêt; mais ce serait une autre espèce d'injustice, semblable à celle que commet celui qui vend une chose plus qu'elle ne vaut.

<h2 style="text-align:center">QUESTION X.</h2>

Qu'est-ce que le rechange?

Pour savoir ce que c'est que le *rechange*, il faut observer que celui à qui une lettre de change a été fournie, peut, en cas de refus de paiement de la lettre après avoir fait son protêt, prendre, d'un banquier du lieu où la lettre de change était payable, une somme d'argent pareille à celle portée par la lettre qui n'a pas été acquittée, et donner à ce banquier en échange de l'argent qu'il reçoit de lui, une lettre de change de cette somme tirée à vue sur celui qui lui avait fourni la sienne, ou sur quelque autre personne.

Si pour avoir cet argent en échange de cette lettre, il a payé à ce banquier un droit de change, parce que l'argent alors gagnait sur les lettres, ce droit de change qu'il a payé à ce banquier pour avoir l'argent dont il avait besoin, est ce qu'on appelle le *rechange* dont il doit être remboursé par celui qui lui a fourni la lettre dont on lui a refusé le paiement.

QUESTION XI.

Dans quels cas les lettres de change sont-elles réputées simples promesses ?

Quand les lettre de change contiennent des suppositions de *nom*, de *qualité*, de *domicile* ou de *lieu*, elles deviennent de simples promesses, c'est-à-dire, sont privées de tous les avantages attachés aux lettres de change, et ne produisent plus que les effets résultant des billets ordinaires.

Le législateur aurait vainement ordonné que la lettre de change fît mention du nom des parties contractantes, et fût tirée d'un lieu sur un autre, si l'on pouvait impunément, par des suppositions de noms et de lieux, se jouer de ses prescriptions ; il est donc juste que la lettre de change dégénère, en pareil cas, en simple promesse, sans préjudice des conséquences beaucoup plus graves qu'entraîne l'emploi de faux noms ou de fausses qualités, d'après l'art. 405 du Code pénal, qui en fait un des caractères de l'escroquerie, et prononce la peine d'un an d'emprisonnement au moins, et cinq ans au plus.

QUESTION XII.

Que valent les signatures des femmes, filles ou mineurs apposées sur des lettres de change ?

Toutes les personnes ayant la capacité de contracter, peuvent signer des lettres de change comme tout autre engagement; mais depuis des siècles, il est établi *jure singulari*, que tous les signataires d'une lettre de change sont soumis à la juridiction commerciale ainsi qu'à la contrainte par corps. Le législateur, par des motifs faciles à comprendre, n'a pas voulu permettre aux femmes ou filles *non marchandes*, de se soumettre, en signant des lettres de change, aux conséquences rigoureuses qu'elles peuvent entraîner ; elles ne sont donc obligées

7

que comme si elles avaient signé un simple billet. Les mêmes raisons militaient en faveur des mineurs, mais il est à remarquer que la loi va encore plus loin ; car les lettres de change qu'ils ont signées ne valent pas même comme simple promesse, mais sont nulles à leur égard.

QUESTION XIII.

Qu'est-ce que la provision, et qui doit la faire ?

On entend par *provision* les sommes ou valeurs qui sont entre les mains du tiré, pour servir au paiement de la lettre de change. Le contrat qui a lieu entre le tireur et le tiré étant un mandat *pecuniæ solvendæ*, il est clair que c'est au tireur à faire trouver entre les mains de son mandataire les fonds qui doivent servir à accomplir le mandat.

Il arrive fort souvent dans le commerce, que le tireur lui-même n'est que le mandataire ou commissionnaire d'une autre personne qui l'a chargé de tirer pour son propre compte ; il est facile de voir qu'en pareil cas, c'est au mandant du tireur pour compte, à effectuer la provision entre les mains du tiré ; ce dernier ne peut évidemment s'adresser qu'à lui ; le tireur qui a donné connaissance de son mandat au tiré, ne contractant aucune obligation personnelle à son égard, mais seulement envers les endosseurs et le porteur, qui sont étrangers aux stipulations particulières qui ont eu lieu entre le donneur d'ordre, le tireur pour compte, et le tiré.

QUESTION XIV.

A qui appartient la provision en cas de faillite du tireur avant l'échéance ou l'acceptation ?

La loi déclare en termes formels, que la provision d'une lettre de change peut être faite *jusqu'à son échéance :* or, il résulte de ces termes une conséquence fort grave. Si le contrat qui a lieu entre le tireur et le preneur est un contrat de vente ou cession de créance, il faut nécessairement que la créance vendue ou cédée par le tireur existe au moment du contrat, c'est un des trois éléments essentiels de toute vente *RES, pretium et consensus.* Mais puisque la loi permet au tireur de n'effectuer la provision , c'est-à-dire de ne devenir créancier du tiré qu'à l'échéance , il faut bien qu'elle ait considéré l'obligation du tireur , non point comme celle d'un vendeur , mais comme un engagement de faire payer une certaine somme dans un lieu autre que celui de la convention , c'est-à-dire , une véritable *obligation de faire* , dont la faillite rend l'exécution impossible. Rien , je l'avoue , ne me paraît plus rigoureux que ce raisonnement qui a entraîné plusieurs auteurs et quelques arrêts ; mais le système qui voit dans le contrat qui a lieu entre le tireur et le preneur , une vente ou cession de créance , et par suite la transmission de la propriété de la provision sur la tête du preneur , dès le moment du contrat , étant consacré par plus de vingt arrêts , dont plusieurs de cassation , on peut regarder la Jurisprudence comme fixée sur ce point difficile , et par suite , la provision doit toujours appartenir au porteur en cas de faillite du tireur , sans qu'il y ait lieu d'examiner si la lettre était échue ou non , acceptée ou non acceptée , ni même à quelle époque la provision a été effectuée.

QUESTION XV.

Combien y a-t-il d'espèces d'acceptation ?

On entend par *acceptation* la déclaration écrite et signée, par laquelle le tiré ou un tiers contracte l'obligation de payer à l'échéance le montant de la lettre de change.

Il y a deux espèces d'acceptation : l'acceptation directe qui émane du tiré ; l'acceptation par *intervention* qui est donnée par un tiers dans le cas où le tiré refuse son acceptation.

Le contrat qui a lieu entre le tireur et le tiré étant un mandat *pecuniæ solvendæ* , il faut , d'après les règles élémentaires du mandat , que le tiré fasse connaître s'il veut ou ne veut pas s'en charger ; il est parfaitement libre de prendre le parti qui lui convient ; du moins , s'il n'est pas commerçant , ou n'a pris aucun engagement à cet égard ; mais il est clair que dès qu'il a manifesté sa volonté par le mot accepté ou tout autre équipollent , suivi de sa signature , il devient débiteur du montant de la lettre , et soumis à toutes les conséquences qui en résultent.

QUESTION XVI.

Dans quels cas l'acceptation peut-elle être révoquée ?

En principe général l'acceptation est irrévocable : c'est au tiré de bien réfléchir avant de s'engager, et la loi pour éviter les surprises et l'inviter à la circonspection, lui accorde un délai de 24 heures pour délibérer; mais dès qu'il a remis sa signature au porteur de la lettre, il est personnellement obligé et par corps à effectuer le paiement à l'échéance ; la circonstance que le tireur dont il a accepté le mandat aurait failli à son insu avant l'acceptation, ne le dégagerait pas de son obligation. Cependant si, par des manœuvres habilement concertées, le porteur avait placé l'accepteur dans l'impossibilité d'être informé de la position du tireur au moment de l'acceptation, comme il est de principe que le consentement est nul, lorsqu'il est le résultat de l'erreur ou qu'il a été surpris par dol, Code civ., art. 1109, l'accepteur pourrait, en pareil cas, demander la révocation de son acceptation.

QUESTION XVII.

Quels sont les droits du porteur quand l'acceptation est refusée ?

Quand le tiré refuse d'accepter ou accepte conditionnellement, ce qui équivaut à un refus, le porteur a le droit, après avoir fait constater par un protêt le refus d'acceptation, d'exercer un recours contre le tireur et les endosseurs, pour avoir à donner caution, ou à défaut, effectuer immédiatement le paiement de la lettre de change protestée.

Le tireur, en délivrant la lettre de change, a contracté la double obligation d'en procurer l'acceptation et le paiement : or, quoiqu'il arrive fort souvent que le tiré qui n'a pas voulu se lier par une acceptation, paie pourtant la lettre lors de l'échéance, la loi n'a pas voulu que le porteur fût obligé de se contenter de cette possibilité ; le refus d'acceptation élève une présomption que la lettre ne sera pas payée à l'échéance : d'ailleurs, puisqu'une des deux obligations du tireur n'est pas accomplie, il ne saurait se plaindre du recours qui en est la suite.

QUESTION XVIII.

Quelles sont les lettres de change qu'on doit présenter à l'acceptation ?

L'avantage qui résulte de l'acceptation, étant de donner au propriétaire de la lettre un débiteur de plus, il peut, s'il le veut, renoncer à cet avantage, quand il a entre les mains une lettre dont la présentation est inutile pour déterminer l'échéance ; c'est même depuis fort longtemps l'usage du commerce, quoiqu'on ne soit pas le moins du monde obligé de s'y conformer. Lorsque le porteur a entre les mains une lettre de change payable à *un délai de vue*, c'est-à-dire à une échéance incertaine, puisque le délai ne court que du jour de la présentation, il faut nécessairement qu'il la présente à l'acceptation pour faire courir le délai de vue, et alors ce délai court de la date de l'acceptation ou du protèt qui en constate le refus.

QUESTION XIX.

Quels sont les différents termes d'échéance dans les lettres de change ?

Les lettres de change se divisent, eu égard aux temps dans lesquels elles sont payables, en quatre espèces différentes.

1° Les lettres qui portent qu'elles seront payées *à vue*, ce qui signifie qu'elles doivent être acquittées aussitôt que le porteur les présente.

2° Les lettres *à tant de jours de vue*, comme à six jours, à quinze jours, à un mois de vue : ces lettres renferment un terme de paiement, qui ne court que du jour *de la vue*, c'est-à-dire du jour qu'elles ont été présentées et acceptées par celui sur qui elles ont été tirées ; et dans ce temps on ne compte point le jour de l'acceptation, suivant cette règle, qu'en fait de délais, le jour duquel court le délai n'est pas ordinairement compté dans le délai : *Dies à quo non computatur in termino.*

3° Les lettres payables à jour fixe ou à un certain jour nommé, comme à la Saint-Jean ou le 15 octobre : ces lettres doivent être payées le jour même de l'échéance ou la veille, si ce jour est un jour férié légal.

4° Les lettres payables en foire dont l'échéance a lieu la veille de la clôture de la foire, ou le jour même de la foire si elle ne dure qu'un seul jour.

QUESTION XX.

Pourquoi a-t-on inventé la période appelée *usance ?*

L'*usance* est une période de trente jours introduite dans le commerce, pour éviter l'inconvénient résultant de l'inégalité des mois : l'usance française est de trente jours, mais chaque pays a ses usages, et il a été dressé des tables qu'il faut consulter, quand on a des lettres tirées sur pays étranger ; car c'est une règle bien constante que l'usance qu'il faut suivre, est celle du lieu où la lettre de change est payable.

Quand on ne s'est pas servi de l'usance, mais des mois, ils sont tels que les détermine le calendrier grégoreen, et le jour de l'échéance est celui qui correspond au jour auquel la lettre a été tirée : ainsi, une lettre tirée le 15 octobre à un mois, deux mois, etc., vient à échéance le 15 novembre, le 15 décembre, etc. ; mais la Jurisprudence est fort incertaine quand le mois de l'échéance n'a pas de jour correspondant, comme dans le cas d'une lettre tirée le 30 janvier à un mois, ou tirée le 31, et venant à échéance à un mois qui n'a que trente jours.

L'usance en Espagne est de soixante jours. — A Londres d'un mois de date pour les lettres tirées de France. — A Vienne, l'usance est de quinze jours. — A Hambourg de deux mois. — A Rome, l'usance des lettres d'Italie est de quinze jours.

DE L'ENDOSSEMENT.

QUESTION Iʳᵉ.

Qu'est-ce que l'endossement ?

L'endossement est un contrat par lequel le propriétaire de la lettre de change en fait cession et transport à une autre personne, en demeurant garant du paiement à l'échéance.

L'idée d'appeler *endossement* la cession d'une lettre de change, vient de l'usage d'écrire cette cession au *dos*, c'est-à-dire au *verso* de la lettre, *quia dorso inscribi solet*, dit Heinnecius : c'est aussi pour cela que le cédant prend le nom d'*endosseur ;* mais par une pénurie de langage fàcheuse, il n'y a pas de mot spécial pour désigner le *cessionnaire*, et il faut, si l'on ne veut pas employer ce mot qui appartient au droit civil, se servir d'une périphrase comme fait la loi : *Celui au nom duquel l'ordre a été passé.* C'est un peu long.

QUESTION II.

Quel est l'avantage résultant de l'endossement ?

Dans le droit romain les choses incorporelles, telles que des créances, une succession, etc., n'étant pas susceptibles de tradition, ne pouvaient être vendues, et l'on avait imaginé pour la vente des créances la fiction du *procurator in rem suam*, qui, en fait, donnait au cessionnaire les avantages résultant d'une cession. Le droit français n'a pas adopté ces subtilités, comme dit Pothier ; mais on a pourtant voulu que dans la vente ou cession d'une créance, l'acquéreur ou cessionnaire ne fût saisi à l'*égard des tiers* que par la signification du transport ou l'acceptation par acte authentique : l'art. 1690 du Code civ. n'a fait que consacrer une règle d'usage immémorial, et consacrée formellement en ces termes par l'art. 108 de la Coutume de Paris, *simple transport ne saisit point s'il n'a été signifié*.

Jusques au ministère du cardinal de Richelieu , la cession des lettres de change s'opéra exactement comme celle de toute autre créance ; mais de 1624 à 1642 , la clause de l'*ordre* et l'usage de l'endossement commença à se répandre en France , avec le privilége de saisir le cessionnaire sans avoir besoin de signifier le transport.

L'ordonnance de 1673 , art. 23 et 24 , est le premier monument législatif qui ait consacré cet usage ; indépendamment des frais d'acte authentique qu'il épargne , il facilite merveilleusement la circulation des effets de commerce ; et le législateur moderne s'est bien gardé de faire à ce sujet aucune innovation.

QUESTION III.

En quoi l'endossement diffère-t-il de la cession ordinaire ?

Quoique l'endossement ne soit que la cession de la créance constatée par la lettre de change , il y a pourtant quelques différences remarquables. — 1° L'endossement saisit le cessionnaire à l'égard de toute personne , sans nécessiter une signification au débiteur , ou son acceptation par acte authentique. — 2° L'endosseur est , *ipso jure* , garant solidaire du paiement de la lettre à son échéance , tandis que dans la cession ordinaire , le cédant ne répond de la solvabilité du débiteur qu'autant qu'il s'y est engagé , Cod. civ., 1694. — 3° L'endossement doit être écrit au dos de la lettre cédée ; cela n'est pas exigé pour la cession ordinaire des créances. — 4° Les antidates , dans les endossements , constituent le crime de faux en écriture de commerce , et sont punies des travaux forcés à temps , Cod. pén. , art. 147. Dans les cessions ordinaires , les antidates sont insignifiantes ; c'est même uniquement pour prévenir cet abus que l'on a exigé des actes d'huissier ou de notaire.

QUESTION IV.

Que doit énoncer l'endossement pour être régulier ?

Un endossement régulier , c'est-à-dire translatif de propriété , doit énoncer 1° *la date* , c'est-à-dire l'année et le jour du mois ; 2° *la valeur fournie* , c'est-à-dire la chose donnée en échange par le cessionnaire ; 3° *le nom du cession-*

naire, c'est-à-dire , de celui à l'ordre de qui l'endossement est passé. — 4° *L'endossement doit être signé par l'endosseur.* Quoique le législateur ait oublié de mentionner cette condition , il est évident que l'endossement écrit étant la preuve du contrat, doit être signé par l'endosseur. — Il faut bien remarquer que la loi n'exige pas que la triple mention soit écrite par l'endosseur lui-même. L'art. 1326 du Code civ. ne s'expliquant pas en matière commerciale , l'endosseur peut se contenter de donner sa signature, et s'en remettre à qui bon lui semble , pour écrire au-dessus de sa signature les énonciations prescrites pour régulariser l'endossement.

QUESTION V.

Quelle est la valeur d'un endossement irrégulier ?

L'endossement *irrégulier* est celui qui ne renferme pas la triple mention prescrite par l'art. 137.

L'ordonnance de 1673 , en introduisant dans la législation française l'endossement, déjà usité dans la pratique commerciale depuis près de deux siècles , a imposé la condition d'écrire sept ou huit mots , tout au plus , pour effectuer un endossement irrégulier. Savary avait pensé qu'une pareille obligation paraîtrait bien peu de chose en échange de l'affranchissement des frais et retards que nécessite le transport des créances ordinaires ; mais cet habile négociant s'est trompé dans ses prévisions, et le commerce a trouvé encore trop long ce qui lui paraissait si simple. Le législateur moderne n'a tenu aucun compte de ces réclamations , et l'art. 138 décide clairement et positivement que l'endossement irrégulier , c'est-à-dire , qui n'est pas conforme aux dispositions de l'art. 137 , *n'opère pas le transport*, QU'IL N'EST QU'UNE PROCURATION ; d'où la conséquence que le porteur ne recevant qu'à titre de mandataire , doit rendre compte au mandant ; et que l'endosseur en blanc ou qui a passé un ordre informe étant demeuré propriétaire de la lettre , ses créanciers peuvent en saisir le montant entre les mains du débiteur de la lettre , comme d'un effet qui n'a jamais cessé de lui appartenir.

8

QUESTION VI.

Un endossement *en blanc* donne-t-il quelque droit au porteur ?

On entend par *endossement en blanc*, celui qui ne présente que la signature de l'endosseur, sans aucune des énonciations prescrites par la loi. — L'endossement en blanc ne présentant aucune des énonciations prescrites, ne peut valoir que comme *procuration*, d'après les termes formels de l'art. 138. La clarté des textes anciens et modernes aurait dû, ce semble, exclure toute controverse ; cependant il n'en a pas été ainsi, et déjà, sous l'empire de l'ordonnance de 1673, l'usage des endossements en blanc était si général, que l'autorité judiciaire en référa au chancelier d'Aguesseau, pour la répression de cet abus. Mais cet illustre magistrat ne vit aucun inconvénient dans cette manière de transférer les lettres de change, et dans sa lettre célèbre du 8 septembre 1747, au Procureur général du Parlement de Toulouse, il exprime formellement l'opinion *qu'il résultait beaucoup plus d'avantages que d'inconvénients de l'usage des endossements en blanc*. Lorsqu'un chancelier, et un chancelier tel que d'Aguesseau fait, comme on dit aujourd'hui, de l'opposition, on doit s'attendre qu'il aura de nombreux prosélytes : cela n'a pas manqué, et les endossements en blanc furent en usage plus que jamais. Quand le Code du commerce fut rédigé, on proposa de mettre un terme à cette lutte entre la théorie et la pratique, en légitimant les endossements en blanc ; mais les législateurs modernes se roidissant contre cet abus séculaire, ne voulurent pas admettre le moindre changement aux anciens principes ; et en conséquence, rédigèrent la loi avec une précision et une clarté qui ne peut donner prise à aucune controverse. Un endossement en blanc n'est donc *qu'une procuration ;* néanmoins la Jurisprudence moins rigoureuse, admet le porteur à suppléer aux énonciations qui manquent par des preuves de valeur fournie qui le constituent propriétaire. Il est aussi généralement reçu, que l'endossement en blanc ou irrégulier vaut procuration pour *négocier* la lettre, comme pour en toucher le montant.

QUESTION VII.

Quels sont les droits et obligations de chaque endosseur ?

Les droits et obligations de chaque endosseur dépendent du rang qu'occupe l'endossement. C'est au dos des lettres de change , et successivement dans l'ordre des dates que l'on doit écrire les endossements : or, chaque endossement étant une cession avec garantie solidaire de l'endosseur , il en résulte que le dernier propriétaire ou porteur de la lettre a une action en garantie contre le tireur, et *tous* les endosseurs lorsque le paiement n'est pas effectué à l'échéance. Mais chaque endosseur étant évidemment le dernier propriétaire à l'égard des endosseurs qui précèdent sa signature, il est clair qu'ils sont ses garants relativement à ce paiement, et que par la même raison , il est lui-même garant envers tous ceux dont la signature suit la sienne : ce qui se résume en disant que tout signataire d'un endossement est garanti par les signataires qui le précèdent, et doit la garantie aux signataires qui le suivent dans l'ordre chronologique des endossements.

QUESTION VIII.

En quoi l'endossement diffère-t-il du contrat de change ?

Le contrat de change inventé pour éviter le transport des monnaies métalliques doit *essentiellement* contenir une remise de place en place , c'est-à-dire que la lettre doit être payable dans un lieu autre que celui où elle a été tirée. L'endossement n'étant qu'une simple cession de la lettre, peu importe le lieu où l'ordre a été passé. Quand l'endossement est souscrit dans un lieu différent de celui où la lettre est payable, il est très vrai qu'il évite alors au cessionnaire le transport des monnaies métalliques ; et, dans ce cas, il produit exactement le même effet que le contrat de change : mais la remise de place en place n'est pas de l'*essence* de l'endossement, comme elle l'est du contrat de change, et l'on peut indifféremment endosser une lettre de change dans le lieu même où elle est payable comme en tout autre endroit.

QUESTION IX.

A quoi est tenu tout endosseur quand la lettre est égarée ?

Lorsque les lettres de change sont tirées sur pays étrangers, on fait ordinairement deux exemplaires dont l'un est envoyé à l'acceptation, tandis que l'autre est lancé dans la circulation ; mais le plus souvent on ne délivre qu'un seul original qui peut s'égarer. Le législateur n'a pas voulu, avec raison, que cette perte profitât aux signataires de la lettre, et le porteur doit s'adresser à son endosseur immédiat qui est tenu de lui prêter son nom et ses soins envers l'endosseur qui précède, et ainsi de suite pour obtenir une seconde lettre de change ; mais il est évident que tous les frais occasionnés par ce recours doivent être supportés par le porteur qui a commis la faute d'égarer la lettre de change.

QUESTION X.

Comment sont tenus tous les signataires d'une lettre de change ?

Tous les signataires d'une lettre de change, tireur, endosseurs, accepteur ou donneur d'aval sont tenus solidairement et par corps au paiement de la lettre de change.

On entend par *aval* le cautionnement d'une lettre de change. Ce cautionnement peut être donné sur la lettre même ou par acte séparé ; et comme rien n'empêche une caution de s'obliger d'une manière moins rigoureuse que la personne qu'elle cautionne, le donneur d'aval doit s'expliquer positivement à cet égard, sans quoi il est soumis aux mêmes voies de contrainte que tous les autres signataires.

DES DROITS ET DEVOIRS DU PORTEUR.

QUESTION Iʳᵉ.

Que doit faire le porteur d'une lettre *tirée des pays étrangers*, à vue ou à un délai de vue et *payable en France* ?

Le porteur d'une lettre de change tirée des pays étrangers à vue ou à un délai de vue et payable en France, doit en exiger le *paiement* quand elle est à vue, et l'*acceptation* quand elle est à un délai de vue dans les *six mois* de sa date, sauf l'augmentation en raison des distances, sous peine de perdre son recours sur les endosseurs et *même sur le tireur, si celui-ci a fait provision.* La loi ne voulant pas, comme cela avait lieu sous l'ordonnance de 1673, que le porteur puisse indéfiniment prolonger, en retardant de présenter sa lettre, l'obligation imposée aux tireurs et endosseurs de garantir l'acceptation, ainsi que le paiement à l'échéance.

QUESTION II.

Quid juris quand la lettre est *tirée de France* et payable *en pays étrangers* ?

Le principe général européen en matière de *recours* est, qu'il faut suivre toujours la législation du pays dans lequel il s'exerce, et dont les dispositions doivent être appliquées. La lettre de change étant *tirée de France* sur pays étrangers, le tireur et les endosseurs *résidant en France*, sont assujettis au recours en garantie du porteur faute de paiement ou d'acceptation. La loi française pouvait donc déterminer à leur égard les conditions du recours, qui consistent dans l'obligation imposée au porteur de demander le paiement ou l'acceptation dans un délai de six mois de la date, sauf l'augmentation en raison des distances ou de guerre maritime.

QUESTION III.

Quel jour le porteur doit-il demander le paiement ?

En règle générale, le paiement doit être fait au domicile du débiteur ; il faut donc que le porteur se présente chez le tiré ou l'accepteur pour lui demander le paiement de la lettre. L'ordonnance de 1673 accordait dix jours de grâce ; mais le Code les abroge positivement et enjoint au porteur de se présenter le *jour même* de l'échéance, et même la *veille* si le jour de l'échéance est un jour férié légal : cependant comme c'est en France un antique usage, qui vient, dit-on des Gaulois, de compter les jours de minuit à minuit ; il est clair, même à pareille heure, que le débiteur de la lettre ne peut être contraint de payer avant que la dernière minute du jour de l'échéance ne soit écoulée : le protêt ne peut donc et ne doit être fait que le *lendemain* de l'échéance, et le surlendemain si c'est un jour férié légal.

QUESTION IV.

Qu'est-ce que le *protêt ?*

Pothier définit le protêt : « Un acte solennel fait à la requête du proprié- » taire de la lettre de change ou du porteur de la lettre, au nom et comme » procureur du propriétaire, pour constater le refus que fait celui sur qui » elle est tirée, de l'accepter ou de la payer. » — Il y a donc deux protêts : l'un faute d'*accepter*, l'autre faute de *payer*.

Le protêt doit être fait par un seul et même acte aux domiciles du tiré, de l'accepteur direct ou par intervention, et des personnes indiquées pour payer au besoin.

La loi abandonne à la sagesse des tribunaux l'appréciation des vices de rédaction qui doivent entraîner la nullité des protêts.

QUESTION V.

Peut-on suppléer à un protêt par d'autres actes ?

Le protêt est un *acte solennel* dressé par des notaires ou des huissiers *ad libitum :* qui doit contenir la transcription littérale de la lettre protestée , la sommation d'accepter ou de payer, et les motifs de refus ; il est appelé *protêt ,* de l'usage où sont les officiers instrumentaires , de répéter trois ou quatre fois dans leur protocole, les mots *protester* et *protestation ,* qui ne servent à rien. C'est un principe général en fait *d'actes solennels,* qu'ils ne peuvent jamais être remplacés par des équipollents ; le protêt étant de ce nombre, il en résulte qu'il ne saurait être suppléé par aucun autre acte. Ainsi , comme l'enseigne Pothier, si le porteur, au lieu de faire un protêt, avait assigné l'accepteur , et obtenu contre lui jugement de condamnation, cette procédure ne suppléerait pas un protêt ; faute de l'avoir fait , le porteur serait déchu de ses actions en recours contre le tireur et les endosseurs , et serait censé s'être contenté de l'accepteur pour son débiteur.

QUESTION VI.

En quoi le protêt diffère-t-il d'un acte de protestation ?

Le protêt doit contenir une copie littérale de la lettre de change protestée , ainsi que des endossements qui s'y trouvent. Or , cette copie est impossible à faire quand le porteur ne s'aperçoit que peu de temps avant l'échéance qu'il a perdu sa lettre de change. La loi n'a pas voulu néanmoins l'affranchir de l'obligation de se présenter à l'échéance ; mais comme on ne saurait l'obliger à l'impossible, l'officier instrumentaire est dispensé de la transcription littérale de la lettre ; et voilà pourquoi le législateur , par une rigueur de langage très convenable , appelle, art. 153 , l'acte rédigé en pareil cas , *un acte de protestation,* et non pas un protêt.

QUESTION VII.

Pourquoi un protèt faute de paiement en cas de mort ou de faillite du tiré ?

Quand le tiré *n'a pas accepté* la lettre, qu'il est *mort*, ou en *faillite* à l'échéance, on aurait pu croire que le porteur devait être dispensé de faire un protèt faute de paiement ; mais le Code, érigeant en loi, art. 163, la doctrine de Pothier et de Savary, lui impose textuellement cette obligation. Il peut en effet arriver, que le tiré qui n'a pas accepté la lettre ait reçu plus tard la provision, et soit disposé à la payer à l'échéance, quoiqu'il ait laissé faire un protèt faute d'acceptation. En cas de mort, les héritiers peuvent fort bien payer la lettre au lieu et place de leurs auteurs ; s'ils allèguent qu'ils sont dans les délais pour faire inventaire et délibérer, cette réponse insérée dans le protèt, tiendra lieu de refus, et le porteur aura son recours de droit contre le tireur et endosseur ; enfin, dans le cas de faillite, la loi exige un protèt faute de paiement, parce qu'il peut se faire, malgré la publicité d'un pareil évènement, que les tireur et endosseurs n'en aient point eu connaissance, et que ne voyant pas de protèt, ils auraient pu s'imaginer que le propriétaire de la lettre avait eu quelque moyen de la faire acquitter.

QUESTION VIII.

Quels sont les droits du porteur en cas de protèt ?

Le porteur d'une lettre de change protestée, faute de paiement, peut exercer son recours en garantie contre tous les signataires de la lettre, ou individuellement ou collectivement ; car ayant tous garanti que cette lettre serait payée, le porteur prouvant par le protèt qu'elle ne l'a pas été, il doit pouvoir, si bon lui semble, intenter ses actions contre tous les différents débiteurs qui en sont tenus : l'action qu'il a intentée contre l'un d'eux ne l'exclut pas d'intenter celles qu'il a contre les autres ; mais comme ces différents débiteurs sont débiteurs envers lui de la même chose, le paiement qui lui est fait par l'un d'eux libère d'autant envers lui tous les autres.

QUESTION IX.

Pourquoi faut-il notifier le protèt et citer en jugement dans la quinzaine ?

Il ne suffit pas d'avoir dressé le protèt ; comme il sert de fondement à l'action du porteur, il est évident qu'on doit le *notifier*, c'est-à-dire en donner connaissance par acte extrajudiciaire aux personnes qui avaient garanti le paiement. Quand le remboursement n'est pas effectué, la loi impose au porteur l'obligation de faire citer en jugement *dans les quinze jours qui suivent la date du protét*. Avant l'ordonnance de 1673 il n'en était pas ainsi, et il est nécessaire de connaître les abus qui avaient lieu pour comprendre les motifs de l'obligation rigoureuse que la loi impose : cette disposition a été sagement établie pour prévenir les abus qui se commettaient auparavant par les porteurs de lettres, qui se contentaient seulement de les faire protester, et ensuite les gardaient longtemps sans faire aucune demande au tireur et endosseurs, soit pour favoriser ceux sur qui les lettres étaient tirées, ou pour tirer des intérêts de ceux qui les avaient acceptées ; et lorsqu'ils n'en pouvaient plus tirer de ces derniers, soit par leur mort, soit par leur insolvabilité, ils revenaient ensuite contre les tireurs et endosseurs, ce qui causait souvent de grands désordres dans le commerce.

QUESTION X.

Suivant quelle loi doit-on régler le temps du protèt et des poursuites?

On doit suivre pour toutes ces choses, dit Pothier, la loi du lieu où la lettre est payable : cela ne peut être douteux à l'égard de la forme du protèt ; car c'est une règle générale, qu'en fait de formalités d'actes on suit la loi et le style du lieu où l'acte se passe : *Locus regit actum*. Relativement aux délais pour poursuivre quand la lettre est tirée de France sur pays étrangers, les *garants résidant hors de France*, auront les délais réglés pour le lieu où la lettre de change est payable, suivant la maxime *Contraxisse unusquisque in eo loco intelligitur in quo ut solveret se obligavit ;* mais à l'égard des *garants résidant en France*, comme c'est aussi un principe, qu'en matière de recours,

9

on suit la loi du lieu dans lequel il s'exerce, ils auront les délais déterminés par l'art. 166.

QUESTION XI.

Quel est le droit de chaque endosseur assigné en paiement ?

Le droit de chaque endosseur assigné en paiement de la lettre de change, dépend uniquement du rang qu'il occupe dans l'ordre des endossements. En effet, tout endosseur étant, avant d'avoir lui-même cédé ou endossé la lettre, cessionnaire de tous les droits de l'endosseur qui le précède, il est à l'égard des signataires des endossements qui précèdent le sien un véritable porteur ou dernier propriétaire ; il a donc contre eux les droits d'un porteur, c'est-à-dire qu'il peut les actionner en garantie ou collectivement ou individuellement à son choix, dans le délai de *quinzaine à partir du lendemain de la date de la citation en justice* qui lui a été signifiée, sauf l'augmentation en raison des distances ; mais à l'égard des endosseurs dont les signatures suivent la sienne dans l'ordre des endossements, comme il est leur garant, il est clair qu'il n'a rien à leur demander, et que s'il paie la lettre, il ne fait qu'acquitter l'obligation de garantie qu'il avait contractée envers eux.

QUESTION XII.

Quelle déchéance encourt le porteur retardataire ?

Le porteur retardataire qui n'a pas présenté les lettres à vue dans les délais déterminés, fait le protêt le lendemain de l'échéance, ou assigné en jugement dans le délai de quinzaine, est *déchu de* TOUS *droits* contre les endosseurs et même contre le tireur *s'il justifie de la provision à l'échéance.*

L'obligation de garantir le paiement de la lettre à l'échéance étant une dérogation exorbitante du droit commun en matière de cession de créance, la loi, en imposant cette condition à tout endosseur, a pensé avec raison qu'il était de toute justice que le porteur qui veut invoquer cette disposition rigoureuse contre les endosseurs, se fût lui-même scrupuleusement conformé aux prescriptions légales qui en règlent l'exercice. Si le porteur a été négligent ou en retard, tant pis pour lui ; il n'est en rien plus favorable que les endosseurs :

toutefois , si le retard avait été occasionné par des événements de force majeure, des jurisconsultes graves, et Pothier à leur tête , enseignent que la déchéance ne sera pas encourue , parce que *ad impossibilia nemo cogitur* , maxime triviale, dont Pothier n'avait pas besoin d'ajouter le poids insignifiant à sa grande autorité.

QUESTION XIII.

Pourquoi le tireur *seul* doit-il justifier de la provision ?

Quand le porteur s'est conformé aux délais déterminés par la loi , tous les signataires de la letttre, sans distinction, sont tenus *solidairement et par corps* , de lui garantir le paiement ; mais quand il est *retardataire* , et par conséquent déchu , les choses changent de face , et il ne peut s'en prendre qu'à lui-même. La loi veut pourtant, que même en pareil cas, le tireur ne puisse invoquer la déchéance , qu'en justifiant de l'existence de la provision à l'échéance. C'est aussi juste que facile à comprendre, et il est étonnant que le rédacteur si habile de l'ordonnance de 1673 , art. 14 , se fût trompé sur ce point , en assimilant complètement les tireurs et endosseurs. Il est évident , en effet , que le tireur encaisse la valeur de la lettre , sans rien débourser jusqu'au moment où il effectue la provision ; et , s'il pouvait profiter de la déchéance comme les endosseurs , ce serait un véritable vol qu'il abriterait sous le manteau de la loi. Les endosseurs, au contraire, en négociant la lettre, ont cédé un papier, dont ils avaient fourni la valeur ; ce n'est point à eux à faire la provision , autrement ils paieraient la lettre deux fois , la première en l'achetant , la seconde en faisant la provision , ce qui serait d'une injustice manifeste.

QUESTION XIV.

Qu'entend-on par *retraite* et compte de retour ?

On entend par *retraite* une nouvelle lettre de change , au moyen de laquelle le porteur se rembourse sur le tireur ou l'un des endosseurs , du principal de la lettre protestée, des frais et du rechange.

On a déjà dit que le *rechange* était le nouveau droit de change payé par le porteur qui tire la retraite ; mais ce n'est point le seul déboursé qu'entraîne le protêt ; il est évident que le porteur doit encore payer les frais du protêt , timbre, enregistrement, ports de lettre, courtage, etc. Or, tous ces frais étant une conséquence du défaut de paiement, il doit en être remboursé par les signataires de la lettre.

Le *compte de retour* est l'acte qui énonce le principal de la lettre protestée, tous les frais légitimes, tels que protêt, rechange et autres, le certificat des agents de change, etc. Il ne peut être fait qu'un seul compte de retour, qui est remboursé d'endosseur à endosseur, et finalement par le tireur.

QUESTION XV.

Comment se règlent les rechanges à l'égard du tireur ou des endosseurs ?

Le rechange se règle toujours à l'égard du *tireur* par le cours du change du lieu où la lettre de change *était payable*, sur le lieu *d'où elle a été tirée*. C'est invariable.

Relativement aux endosseurs, on est divisé, et la rédaction du Code n'est pas, peut-être, aussi précise qu'en ce qui concerne le tireur. Une lettre de change tirée de Marseille sur Paris, a été endossée à Bordeaux, au Hâvre, à Rouen, et protestée à l'échéance. Le porteur tire une retraite sur son cédant, à Rouen ; ce dernier doit supporter le rechange de Paris sur Rouen, sans aucune difficulté ; mais quand l'endosseur de Rouen tirera une retraite sur son cédant du Havre, quel rechange cet endosseur devra-t-il supporter ? Sera-ce celui de Rouen sur le Havre, ou bien celui du Havre sur Paris ; en un mot, chaque endosseur doit-il supporter le rechange qui a lieu entre la ville où la retraite est remboursée, et celle où la lettre de change protestée a été négociée, ou bien, comme cela est réglé pour le tireur, le rechange qui a lieu entre la ville où la lettre *était payable*, et les différentes villes où elle a été négociée? Ce dernier système est bien le meilleur dans la théorie ; car chaque endosseur étant un véritable tireur quand il négocie la lettre dans un lieu autre que celui où elle est payable, il ne devrait supporter que le rechange entre ces deux villes ; mais la discussion au conseil d'état, combinée avec la rédaction de la loi, ne permet pas de l'adopter. Le législateur, en défendant le cumul des rechanges, a cru, sans doute, avoir assez fait pour les endosseurs, et chacun d'eux doit supporter le rechange du lieu où le remboursement s'effectue sur celui où l'endossement a été signé.

DE L'EXTINCTION DES LETTRES DE CHANGE.

QUESTION Iʳᵉ.

Comment s'éteignent les créances de la lettre de change ?

La principale manière dont s'éteignent les créances des lettres de change est le *paiement* qui en est fait ; mais elles s'éteignent aussi comme toutes les obligations, Code civil, art. 1234, *par la remise de la dette, la compensation, la novation, la confusion* et *la prescription*.

Le paiement étant la principale manière d'éteindre la créance résultant de la lettre de change, le Code de commerce s'est uniquement occupé de ce mode d'extinction, s'en remettant entièrement aux principes du Code civil pour ce qui concerne la remise, la compensation, la novation et la confusion en matière de lettre de change.

QUESTION II.

A qui le paiement de la lettre de change doit-il être fait ?

Régulièrement le paiement de la lettre de change, de même que celui de toutes les autres créances, doit, pour être valable, être fait au véritable créancier, c'est-à-dire à celui qui est le propriétaire de la lettre de change, ou à celui qui a la qualité ou pouvoir de recevoir pour lui : d'où il suit que si la lettre de change n'est pas *à ordre*, le transport fait par acte séparé ne saisit le cessionnaire de la propriété de la lettre, que du jour de la signification à l'accepteur, et, en conséquence, le paiement fait au cédant avant la signification serait valable et libératoire : de même que celui fait au porteur en vertu d'un endossement irrégulier qui équivaut à une procuration.

Le paiement pour être valable, doit être fait au véritable créancier *capable d'administrer*. Si la personne à qui on doit payer avait perdu la capacité de contracter par un mariage, le débiteur qui paierait à la femme mariée connaissant sa position, ne serait pas libéré ni envers elle ni envers son mari : mais si l'accepteur ne connaissait pas l'état de cette femme qui a été mariée dans un lieu éloigné de sa demeure, Pothier décide que le paiement serait valable : *Un banquier à qui on présente une lettre de change au jour de son échéance, étant obligé de l'acquitter le jour même, il ne peut pas avoir le temps de s'informer de l'état de toutes les personnes qui lui en présentent journellement.*

QUESTION III.

Par qui le paiement peut-il être fait?

Le paiement *rei debitæ prestatio*, peut se faire, non seulement par le tiré ou les personnes indiquées pour payer au besoin, mais encore, *en cas de protêt*, par quelque personne que ce soit, pour faire honneur au tireur ou à quelqu'un des endosseurs, et pour empêcher les poursuites qui seraient la suite du protêt.

En règle générale, l'étranger qui n'a aucun intérêt à acquitter une dette, n'est pas subrogé au droit du créancier quand il effectue le paiement, art. 1236, Code civ., s'il n'a pour cette subrogation le consentement du créancier ou du débiteur ; néanmoins à l'égard des lettres de change, le tiers qui l'acquitte, en cas de protêt, est subrogé *de plein droit* à tous les droits du propriétaire de la lettre, sans qu'il soit besoin d'aucune stipulation à cet égard ; cela a été établi *jure singulari* pour engager davantage les amis du tireur et des endosseurs à leur rendre ce service, et à conserver par ce moyen l'honneur du commerce et le crédit des négociants.

QUESTION IV.

Quels sont les effets du paiement reçu sous un faux nom?

La lettre de change a été perdue ou volée, à l'échéance on s'est présenté sous le faux nom de celui à qui l'ordre en était passé, et le paiement a été effectué : l'accepteur et le tireur sont-ils libérés envers le véritable propriétaire de la lettre? La question est difficile et controversée depuis fort longtemps ; le législateur n'a pas voulu la résoudre d'une manière positive, et s'est contenté, art. 145, d'établir une *présomption de libération*. — Pothier a traité ce point délicat avec sa profondeur ordinaire, et il distingue le cas où la lettre de change a été *volée* et celui où elle a été *perdue*. — Dans le premier cas, il décide que l'exception de bonne foi, art. 1240, Code civ., ne saurait être admise, parce que lorsqu'il n'y a aucune faute de la part du créancier, la seule bonne foi du débiteur qui a eu un sujet de croire que celui à qui il payait, avait pouvoir pour recevoir, quoiqu'il ne l'eût pas, ne rend pas valable le paiement d'une somme d'argent : *Si nullo mandato intercedente debitor falso existimaverit voluntate meâ pecuniam se numerare, non liberabitur.* Lorsque la lettre de change a été égarée ou perdue, comme c'est la faute du propriétaire ou de son mandataire qui a occasionné l'erreur de celui qui a payé, il semble juste qu'il en supporte les conséquences. Néanmoins Pothier, en énonçant cette opinion, a soin d'avertir que les négociants qu'il avait consultés, lui avaient assuré qu'il en était autrement dans la pratique, que c'était, au contraire, celui qui avait payé qui était en faute. La règle du commerce étant qu'un banquier ne doit pas payer la lettre à la personne qui la lui présente, lorsqu'il ne la connaît pas, sans se faire certifier qu'elle est celle à qui la lettre est payable.

QUESTION V.

Quid juris quand il y a eu des falsifications dans les lettres de change ?

Le porteur de la lettre de change l'a falsifiée, et a écrit une plus grande somme que celle portée par la lettre : la falsification est faite de manière à tromper une personne attentive et intelligente. Le banquier trompé a payé au porteur la somme entière qui paraissait portée par la lettre ; aura-t-il la répétition du *tout* contre le tireur? Pothier, malgré la solution affirmative de Scaccia, est d'avis que celui qui a payé ne peut répéter que la somme pour laquelle la lettre était véritablement tirée, le surplus n'ayant pas été déboursé *ex causâ mandati*, mais seulement *occasione mandati*, et il invoque la loi 26, § 6, ff. *Mandat.* qui semble faite pour l'espèce : *Non omnia quæ mandatarius impensurus non fuit, mandatori imputabit : veluti quod spoliatus sit à latronibus.... Nam hæc magis casibus quam mandato imputari oportet.*

Cependant si c'était par la faute du tireur que le banquier eût été induit en erreur , le tireur n'ayant pas eu le soin d'écrire sa lettre de manière à prévenir les falsifications , *puta* , s'il avait écrit en chiffres la somme tirée par la lettre , et qu'on eût ajouté zéro ; le tireur serait, en ce cas , tenu d'indemniser le banquier de ce qu'il a souffert de la falsification de la lettre , à laquelle le tireur par sa faute a donné lieu , et c'est à ce cas qu'on doit restreindre la décision de Scaccia.

QUESTION VI.

Comment s'effectue le paiement quand la lettre est perdue ?

Quand la lettre de change n'a pas été acceptée , le paiement peut en être fait indifféremment sur tout exemplaire ; mais quand l'acceptation a été donnée , le porteur , qui ne peut représenter l'exemplaire qui en est revêtu , ne peut obtenir le paiement que par ordonnance du juge et en donnant caution ; car il pourrait se faire que l'exemplaire accepté eût été lancé dans la circulation , et comme la loi veut que l'accepteur soit toujours engagé par sa signature , il fallait lui donner le moyen de répéter contre la caution le paiement qu'il peut être obligé de faire une seconde fois. Afin de donner plus de facilité à trouver des cautions en pareil cas , le législateur , suivant les anciens usages , a restreint à trois ans la durée de l'engagement qu'elles contractent.

QUESTION VII.

Qu'est-ce que *la remise , la compensation , la novation* et *la confusion* d'une lettre de change ?

La remise est la convention par laquelle le créancier libère son débiteur sans recevoir de paiement ; c'est évidemment une donation qui correspond à l'*acceptilation* des Romains , sauf la distinction entre les obligations verbales et consensuelles qui n'a jamais été admise dans notre droit français.

La compensation est un paiement réciproque *mutua solutio* qui a lieu de plein droit , quand deux personnes sont débitrices l'une de l'autre : *Placuit id quod invicem debetur ipso jure compensari*. (L. 21 , ff. *de Comp.*)

La novation est la substitution d'une nouvelle dette à une ancienne ; l'ancienne est éteinte par la nouvelle qui est contractée à sa place, c'est pourquoi la novation est comptée parmi les manières dont s'éteignent les obligations.

La confusion est le concours de deux qualités qui se détruisent dans un même sujet ; par exemple, si le débiteur devient héritier du créancier ou réciproquement : *Aditio hœreditatis pro solutione cedit.*

La créance constatée par la lettre de change ne différant en rien des autres créances, il est clair que tous les modes d'extinction des obligations consacrées par l'art. 1234 du Code civil, s'appliquent aux lettres de change comme à toutes les autres créances.

QUESTION VIII.

Comment se prescrivent les actions résultant du contrat de change?

Toutes actions relatives aux lettres de change se prescrivent par cinq ans, à partir du protêt ou de la dernière poursuite : le but de cette prescription, dit Pothier, étant d'empêcher toutes vieilles recherches, elle court contre absents ou présents et même contre les mineurs ; mais comme elle n'est fondée que sur une présomption de paiement, il suit delà que le propriétaire de la lettre qui forme son action après le temps de la prescription, peut déférer le serment décisoire au défendeur ; par exemple, si c'est l'accepteur qu'il a assigné, cet accepteur doit jurer qu'il a acquitté la dette ; si c'est le tireur, le tireur doit jurer qu'il a remis les fonds. La loi permet même de déférer le serment aux veuves, héritiers et autres successeurs ; mais ces personnes ne sont pas tenues de jurer précisément que la lettre a été acquittée, ne pouvant pas avoir toujours connaissance d'une chose qui est du fait du défunt et non du leur ; mais elles doivent au moins jurer qu'*elles estiment de bonne foi qu'il n'est plus rien dû.* — Quand la lettre de change n'a pas été protestée, il est clair que les cinq ans commencent à courir du jour de l'échéance. — Si le propriétaire de la lettre avait obtenu sentence de condamnation, serait-il recevable à en poursuivre l'exécution cinq ans après ? Je le pense, dit Pothier, car la sentence est un nouveau titre que le porteur a acquis contre la partie qui y est condamnée, lequel n'est sujet qu'à la prescription ordinaire de trente ans, et non point à celle de cinq ans établie par l'art. 21 de l'ord. de 1673. Il est dit que les

10

lettres de change seront réputées acquittées après cinq ans ; mais il n'est rien dit de semblable des sentences de condamnation intervenues sur lesdites lettres. Cette opinion de Pothier me paraît devoir être adoptée, quoique l'on ait fait observer avec raison que le mot *toutes* actions , employé dans la loi nouvelle , milite fortement pour un système contraire.

QUESTION IX.

Qu'est-ce que le billet à ordre ?

Le billet à ordre peut être défini un billet daté, par lequel le souscripteur s'oblige à payer une certaine somme *à l'ordre* du preneur , et qui énonce *en quoi* la valeur a été fournie.

Le billet *à ordre* étant payable dans le lieu où il a été souscrit , le souscripteur n'a pas besoin de désigner un mandataire pour effectuer le paiement qu'il peut faire lui-même. Le billet à ordre n'est pas destiné, comme la lettre de change, à éviter le transport des monnaies métalliques, d'un lieu à un autre : il ne présente au commerce d'autre utilité que celle résultant de l'endossement , c'est-à-dire, l'affranchissement des frais et formalités exigés par le Code civil , pour le transport des créances ordinaires. Il est clair, dès lors, que les mots *à l'ordre* sont de *l'essence* même de ces billets , et sans cela ils dégénèrent en simples billets ordinaires.

La grande analogie qui existe entre les billets à ordre et les lettres de change , a déterminé le législateur à renvoyer purement et simplement aux règles édictées pour ces dernières ; néanmoins il faut remarquer que la prescription de cinq ans ne s'applique pas généralement à tous les billets à ordre , mais seulement à ceux qui ont été souscrits par *des commerçants ou pour faits de commerce.*

QUESTION X.

Qu'entend-on par billets de change , lettres à domicile, billets au porteur ?

Le Code de commerce ne s'est occupé que des lettres de change et des billets à ordre ; mais il est d'autres effets usités dans le commerce , quoique le législateur les ait passés sous silence.

Sous l'empire de l'ordonnance de 1673 , *les billets de change* étaient en grand usage ; ils étaient tombés en désuétude quand le Code fut rédigé , et l'on crut inutile de s'en occuper ; on entendait par *billets de change* les billets souscrits pour des lettres de change fournies ou à fournir.

Les billets payables à domicile, dit Pothier , sont d'une nouvelle invention et d'un grand usage aujourd'hui dans le commerce. On peut définir *le billet à domicile*, un billet par lequel je m'oblige de vous payer, ou à celui qui aura ordre de vous une certaine somme dans un certain lieu , par le ministère de mon correspondant , à la place de celle ou de la valeur que j'ai reçue ici de vous , ou que je dois recevoir. — Il résulte de cette définition que ce billet renferme le contrat de change , de même que la lettre de change , et qu'il est de même nature ; il en diffère néanmoins en ce que ces billets ne se font pas accepter par celui au domicile duquel ils sont payables ; le souscripteur du billet en demeure seul débiteur.

Les billets au porteur ont remplacé les *billets en blanc* proscrits en 1611 , et qui donnaient le moyen d'écrire à toute heure le nom que l'on voulait : le billet au porteur encore plus rapide dispense de toute écriture ; le créancier se trouvant désigné par ce mot général *porteur*, qui convient à toute personne ayant le billet entre les mains et l'en fait présumer propriétaire. Les lettres de change et billets à ordre devant énoncer le *nom* du preneur , ne peuvent être payables au porteur ; mais hors delà , aucun texte de loi ne proscrivant l'usage des billets au porteur , rien n'empêche de s'en servir, et la propriété en est transférée de main en main par la seule tradition du titre.

FIN.

POITIERS. — IMPRIMERIE DE HENRI OUDIN.

www.ingramcontent.com/pod-product-compliance
Lightning Source LLC
Chambersburg PA
CBHW071526200326
41519CB00019B/6084